丝路物语 书系

总主编 李炳武

都会凉州

梁继红 杨瑞 吴春勇 著

武威莫道是边城

U0889550

西安出版社

图书在版编目（CIP）数据

武威莫道是边城：都会凉州 / 梁继红，杨瑞，吴春勇著.—西安：西安出版社, 2023.12
ISBN 978-7-5541-6462-4

Ⅰ. ①武… Ⅱ. ①梁… ②杨… ③吴… Ⅲ. ①文化史—凉州区 Ⅳ. ①K294.24

中国国家版本馆CIP数据核字(2023)第252620号

武威莫道是边城
都会凉州
WUWEI MODAO SHI BIANCHENG
DUHUI LIANGZHOU
梁继红　杨　瑞　吴春勇　著

出 版 人：屈炳耀
出版统筹：贺勇华
策　　划：张正原
责任编辑：邵鹏飞
印刷统筹：尹　苗
出版发行：西安出版社
社　　址：西安市曲江新区
雁南五路1868号影视演艺大厦11层
电　　话：（029）85253740
邮政编码：710061

印　　刷：成都市金雅迪彩色印刷有限公司
开　　本：787mm × 1092mm　1/16
印　　张：18.5
字　　数：190千
版　　次：2023年12月第1版
印　　次：2024年12月第1次印刷
书　　号：ISBN 978-7-5541-6462-4
定　　价：78.00元

如有印刷、装订问题，本社负责另换。

序一

阅读文物　拥抱文明

郑欣淼

文物所折射出的恒久魅力，已为越来越多的人所认识。今天呈现在读者面前的这部“丝路物语”书系，就是这一魅力的具体体现。

“让收藏在博物馆里的文物、陈列在广阔大地上的遗产、书写在古籍里的文字都活起来。”（习近平语）党的十八大以来，习近平总书记担负着实现中华民族伟大复兴的历史重任，饱含着对传统文化的深厚感情，让文物活起来始终为其所关注、所思考。让文物活起来，就是深入挖掘文物的内涵，充分发挥文物的作用。中国文物是中华民族的文明印记和精神标识，是全体中国人乃至全人类的珍贵财富；它对于激发人民群众对中华优秀传统文化的了解、认同和热爱，坚定文化自信，汇聚发展力量等作用是不言而喻的。

近年来，一些优秀的文物类书籍、综艺节目、纪录片、文化创意产品等不断涌现，文化遗产元素成为国家外交的桥梁，文物逐渐成为“网红”并受到越来越多年轻人的青睐，这些都充分彰显着“让文物活起来”已逐渐从理念转化为行动，那些在历史长河中积淀下来的文物珍存正在不断走近百姓、融入时代、面向世界。

说到文物，不能不把眼光聚焦于丝绸之路。人类社会交往的渴望推动了世界文明间的相互交融和渗透，中华文明与亚、欧、非三大洲的古代文明很早就发生接触，相互影响，相互交流。直到1877年，德国地理学家李希霍芬在他的著作《中国——我的旅行成果》里首次提出了“丝绸之路”的概念。近半个世纪以来，随着丝绸之路考古发现和学术研究的不断深入，极大地开阔了人们的视野。特别是“一带一路”倡议的全面推进，丝绸之路研究更成为国际显学。在古代文明交流史上，丝绸之路无疑是极其璀璨的一笔。它承载着千年古史，编织着四方文明。也正因为丝绸之路无与伦比的历史积淀，形成了独特的历史文化遗产，其数量之大、等级之高、类型之丰富、序列之完整、影响之深远，都是世所公认的。神秘悠远的古代城址、波澜壮阔的长城关隘烽燧遗址、精美绝伦的艺术品、气势磅礴的帝王陵墓、灿若星辰的宫观寺庙、瑰丽壮美的石窟寺……数不清道不尽的文物珍宝，足以使任何参观者流连忘返，叹为观止。2014年，“丝绸之路：长安—天山廊道的路网”成功跻身《世界文化遗产名录》，使丝绸之路迎来了新的历史机遇，也对广大文化文物工作者提出了新的要求。

“让文物说话，把历史智慧告诉人们。”这是习近平总书记的谆谆嘱托。中华文化优雅如斯，如何让文物说话，飞入寻常百姓家，是当下无数文化界人士亟待攻坚的课题，亦是他们光荣的使命。客观来讲，丝绸之路方面的论著硕果累累，但从一般读者角度，特别是从当下文化与旅游结合角度着眼的作品不多，十分需要一套全面系统地介绍丝绸之路文物故事的读物。

令人欣喜的是，西安出版社组织策划了这套颇具规模的“丝路物语”书系，并由李炳武先生担任主编，弥补了这一缺憾。李炳武先生曾经长期在文物文化领域工作，也主持过“中华国宝·陕西珍贵文物集成”“长安学丛书”和《陕西文物旅游博览》等大型文物类图书的编纂工作，得到了业界的充分肯定；加之丛书的作者都是有专业素养的学者，从而保证了书稿的质量。

如何驾驭丝绸之路这样一个纵贯远古到当今、横贯地中海到华夏大地的话题，对于所有编写者来说，都是具有挑战性的。这套书的优点或者说特点，可以概括为以下几个方面：

这套书最大的一个优点，就是大而全。从宏观的视野，用简明的线条，对陆上丝绸之路的博物馆、大遗址进行了全景式梳理，精心遴选主要文物，这些国宝的历史、艺术和科学价值在字里行间一一呈现。

丝绸之路文化遗产类型丰富，作者在文中并没有局限于文物本身的解读，还根据文物的特点做了大量的知识拓展，包括服饰的流变，宗教的传播，马匹的驯化，葡萄等水果的东传，纸张的发明和不断改进，医学的发展，乐器、绘画、雕刻、建筑、织物、陶瓷等视觉艺术的交互影响，等等。其中既有交往的结果，也有战争的推动。总体而言，这些内容是讲述丝绸之路时所不可或缺的内容，使读者透过文物认识了丝绸之路丰富的文化内涵。

值得称道的是，这套书采取探索与普及相结合的方式，图文并茂，力求避免学究气的艰涩笔调，加入故事性、趣味性，使文字更具可读性，达到雅俗共赏的目的。通过图书这一载体，能够使读者静静地品味和欣赏这些文物，传达出对历史的沉思和感悟，完善自己对文物、丝绸之路和文化的认知。读过这套书后，相信读者都会开卷有益，收获多多，文物在我们眼中也将会是另一番面貌。

我们有幸正处于坚持以人民为中心的改革发展伟大时代，每一件文物，都维系着民族的精神，让文物活起来，定会深入人心、蔚为大观。此次李炳武先生请我写序，初颇踌躇，披卷读来，犹如一场旅行，神游历史时空之浩渺无垠，遐思华夏文化之博大精深。兼善天下，感物化人历来是每一个中国知识分子的精神所属，若序言能为一部作品锦上添花，得而为普及民众的文物保护意识起到促进作用，何乐而不为?

是为序。

·郑欣淼·

原中国文化部副部长、故宫博物院原院长、中华诗词学会会长、著名历史文化学者。

序二

丝路物语话沧桑

李炳武

2013 年 9 月，中国国家主席习近平访问哈萨克斯坦时，在纳扎尔巴耶夫大学发表演讲，首次提出共同构建“丝绸之路经济带”的宏伟倡议。2014 年 6 月，“丝绸之路：长安—天山廊道的路网”成功跻身《世界文化遗产名录》。

丝绸之路是世界上路线最长、影响最大的文化线路。丝绸之路是指起始于古代中国的政治、经济、文化中心—古都长安（今西安）连接亚洲、非洲和欧洲的古代陆上商业贸易路线。它跨越陇山山脉，穿过河西走廊，通过玉门关和阳关，抵达新疆，沿绿洲和帕米尔高原通过中亚、西亚和北非，最终抵达非洲和欧洲，向南延伸到印度次大陆。这条伟大的道路沟通了中国、印度、希腊三大文明，全长一万多千米。它是一条东方与西方之间经济、政治、文化进行交流的主要道路，促进了欧亚大陆不同国家、不同文明之间在商贸、宗教、文化以及民族等方面的交流与融合，为人类社会的共同发展和繁荣做出了卓越贡献。

公元前 138 年，使者张骞受汉武帝派遣从长安出发，出使月氏。13 年中，他的足迹踏遍天山南北和中亚、西亚各地。在随后的 2000 多年间，无数商贾、旅人沿着张骞的足迹，穿越驼铃叮当的沙漠、炊烟袅袅的草原、飞沙走石的戈壁，来往于各国之间，带来了印度、阿拉伯、波斯和欧洲的玻璃、红酒、马匹，宗教、科技和艺术，带走了中国的丝绸、漆器、瓷器和四大发明，举世闻名的丝绸之路渐渐形成。

用“丝绸之路”来形容古代中国与西方的文明交流，最早出自德国著名地理学家李希霍芬1877年所著的《中国——我的旅行成果》一书。由于这个命名贴切写实而又富有诗意，很快得到学术界的认可，并风靡世界。

近年来，丝绸之路迎来了新的历史机遇，沿丝绸之路寻访探秘的人络绎不绝。发展丝路经济，研究丝路文明，观赏丝路文物成了新时代的社会热潮，“丝路物语”书系便应运而生。在本书和读者见面之际，作为长安学研究者、“丝路物语”书系的主编，就该书的选题范围、研究对象、编写特色及意义赘述于下：

“丝路物语”书系，以“丝绸之路：长安—天山廊道的路网”遗产及相关博物馆为选题范围。该遗产项目的线路跨度近5000千米，沿线包括了中心城镇遗迹、商贸城市、聚落遗迹、交通遗迹、宗教遗迹和关联遗迹五类代表性遗迹以及沿途丰富的特色地理环境。丝路沿线遗迹或壮观巍峨，或鬼斧神工，或华丽精美，见证了欧亚大陆在公元前2世纪至公元16世纪之间人类文明进步的重要阶段，以及在这段时间内多元文化并存的鲜明特色。

“丝路物语”书系，每册聚焦古丝绸之路上的一座博物馆、一处古遗址或一座石窟寺，力求立体全面地展示丝绸之路上的历史遗存、人文故事和风土人情。这是一套丝绸之路旅游观光的文化指南，从中可观赏到汉代桑蚕基地的鎏金铜蚕，饱览敦煌石窟飞天的婀娜多姿，聆听丝路古道上的声声驼铃。古丝绸之路是人类文明的宝贵遗产，记录着社会的沧桑巨变，这是一部启封丝路文明的记忆之书。

“丝路物语”书系，以阐释文物为重点。文物是中华民族的精神标识。“让收藏在博物馆里的文物、陈列在广阔大地上的遗产、书写在古籍里的文字都活起来。”这对于激发人民群众对中华优秀传统文化的了解、认同和热爱，坚定文化自信，汇聚发展力量不可小觑，这是一部积淀文化自信的启智之作。

2000 多年前，我们的先辈筚路蓝缕，穿越草原沙漠，开辟出联通亚欧非的陆上丝绸之路。这不仅是一条通商易货之道，更是一条文化交流之路。沿着古丝绸之路，中国将丝绸、瓷器、漆器、铁器传到西方，也为中国带来了胡椒、亚麻、香料、葡萄、石榴。沿着古丝绸之路，佛教、伊斯兰教及阿拉伯的天文、历法、医药传入中国，中国的四大发明、养蚕技术也由此传向世界。更为重要的是，商品和文化交流带来了观念创新。比如，佛教源自印度，却在中国发扬光大，在东南亚得到传承。儒家文化起源于中国，却受到欧洲莱布尼茨、伏尔泰等思想家的推崇。这是交流的魅力，互鉴的成果。这些各国不同的异质文化，犹如新鲜血液注入华夏文化肌体，使脉搏跳动更为雄健有力。古丝绸之路绵亘万里，延续千年，积淀了以和平合作、开放包容、互学互鉴、互利共赢为核心的丝路精神。

新时代、新丝路、新长安。2017 年，习近平主席在“‘一带一路’国际合作高峰论坛”上指出：古丝绸之路是人类文明的宝贵遗产。为让这些遗产、文物鲜活起来，西安出版社策划出版的“丝路物语”书系，承载着别样的期许与厚望，旨在以丝绸之路的隽永品格对话当代社会的文化建构，以高度的文化自觉唤醒当代社会的文化自信。

我们作为丝绸之路起点长安的文化工作者，更应该饱含对传统文化的深厚感情，自觉担负起实现中华民族伟大复兴的历史重任，充分运用长安学的最新研究成果，为保护、研究和传承人类文明的宝贵遗产尽心尽力，助推“一带一路”伟大事业的蓬勃发展。

精品力作是出版社的立身之本，亦是文化工作者的社会担当。“丝路物语”书系的出版，凝聚着众多写作和编辑人员的思考与汗水。借此，特别感谢郑欣淼部长的热情赐序；感谢策划人、西安出版社社长屈炳耀先生的睿智选题与热情相邀；感谢相关遗址、博物馆领导的支持和富有专业素养的学者和摄影人员的精心创作；更要感谢西安出版社副总编辑李宗保和编辑张正原认真负责、卓有成效的工作。

“丝路物语”书系的出版虽为刍荛之议、管窥之见，但西安出版社聆听时代声音、承担时代使命以及致力于激活文化遗产、传播中国声音的决心定将引领其走向更远的未来。

是为序。

· 李炳武 ·

陕西省文物局原副局长、陕西省文史馆原馆长、“长安学”创始人、陕西师范大学国际长安学研究院首任院长、三秦文化研究会会长、长安学研究中心主任、著名历史文化学者。

武士木板画

都会凉州

目录

开篇词

武威，古称凉州，位于河西走廊东端，南靠祁连山，北依腾格里沙漠，地理形胜，宜农宜牧，自古以来就是天然的优质牧场，也是兵家必争的战略要地。武威历史悠久，文化灿烂，远在五千年前，原始先民就在这里繁衍生息，创造了马家窑文化、齐家文化、沙井文化等古老的史前文明。汉辟河西四郡，武威正式纳入中原王朝的版图。千百年来，时空长河里的演进变迁，被智慧的武威先民书写在发黄的文字里，定格在精美的文物上，成为历史星空中的璀璨星点。历史的武威在兼容并蓄中创造了灿烂文化，未来的武威将在继往开来中成就新的辉煌。

漩涡纹双耳彩陶罐

兼具实用性与艺术性的原始陶器

马家窑文化彩陶，造型优美，器形多样，纹饰丰富多彩，它们承载着先民们对生活的热爱，也表现了先民们对艺术的追求。

彩陶是新石器时代人类的重要发明之一，最早于 1921 年在河南渑池仰韶村新石器时代文化遗址中发现，其后在甘肃、青海、陕西、宁夏、河南、河北、山西、山东、江苏、四川、湖北等地陆续出土。因时间早晚的不同，彩陶分别属于不同的文化类型。甘肃是黄河文明的重要发祥地，甘肃彩陶是甘肃新石器时代重要的文化载体，在大地湾遗址一期曾发现了距今约 8000 年，迄今为止我国最早的彩陶。彩陶经仰韶、马家窑、齐家、四坝、辛店、沙井等文化，一直延续了 5000 多年。而甘肃彩陶贯穿新石器时代彩陶的出现、高峰及衰落的全过程，是一部完整的彩陶发展演化史，特别是马家窑文化的彩陶，是甘肃彩陶文化的鼎盛期，达到了彩陶艺术的巅

漩涡纹双耳彩陶罐

新石器时代马家窑文化（约前3300—前2050）
高36.8厘米，口径10.7厘米，底径15.4厘米
武威市凉州区王景寨村出土

峰，代表着中国彩陶文化灿烂辉煌的艺术成就。

马家窑文化主要分布于黄河上游地区及甘肃、青海境内的洮河、大夏河、湟水流域和凉州的谷水流域一带，是仰韶文化庙底沟类型向西发展的一种地方类型，因此也被称为甘肃仰韶文化。

马家窑文化制陶业非常发达，形成了绚丽而典雅的艺术风格，艺术成就达到了登峰造极的高度。其陶器大多以泥条盘筑法成型，陶质呈橙黄色，器表打磨得非常细腻。马家窑文化历经了一千多年的发展历程，根据陶器造型、彩陶图案的差异和时间的早晚，划分为马家窑、半山、马厂三种类型。这三种类型之间有着发展递变的密切关系。马家窑类型是马家窑文化彩陶的早期类型，主要分布在甘肃中南部和青海东北部，另外在宁夏清水河流域与河西走廊武威以东地区均有分布。这一时期的彩陶大多用线条的平行弯曲以及交叉构成同心圆或漩涡，图案绚丽对称，优美流畅。及至半山类型，彩陶的颜色多为红黑兼用，常常是红黑两色相间，有锯齿状花纹带构成漩涡、圆圈网格或葫芦网格、菱形块等。马厂类型是马家窑文化由盛转衰的一种类型，无论是陶器制作还是彩绘都比较粗糙，较前两个类型大为逊色。虽然如此，却依然具有自身的特点，绘陶之前先涂红、白陶衣，再上绘彩，是这一类型最大的特点。大笔粗抹，不拘繁缛，是其彩陶花纹的风格。

地处河西走廊东端的武威市，遍布众多的马家窑文化遗址，曾出土了大批这一时期的精美彩陶，反映了独特的地域风格与特色。1972 年，在武威市凉州区金河镇东河乡王景寨村发现了一件马家窑文化马家窑类型的漩涡纹双耳彩陶罐，其纹饰构思巧妙，精致美观，是马家窑文化彩陶高度发达的代表作，1996 年被国家文物局文物鉴定专家组评定为国家一级文物。

这件漩涡纹双耳彩陶罐高 36.8 厘米，口径 10.7 厘米，底径 15.4 厘米。细泥红陶质，平底，黑彩，直圆口，翻唇沿，溜肩鼓腹，下腹微收，腹中部有桥形双耳。口沿至肩部有 3 道粗弦纹，肩上有两组细弦纹，每组 4 条，以粗弦纹间隔。腹部红色露胎呈漩涡纹，共 6 个，其中 4 个漩涡纹的涡心绘相对的半圆形图案，另两个漩涡利用双耳作涡心，构思巧妙。6 个连续的漩涡纹，如同平静的水面上被石子激起的一圈圈涟漪，又仿佛是湍急的河水奔腾而形成的一个个漩涡，给人以无限的遐想。当时的先民们往往傍河流而居，依河水而生，看到河水奔腾、浪花飞溅而获得灵感，便将这种动态以线条和墨色绘制在彩陶上。这些变化无穷的漩涡图案，千姿百态，旋动不息，为彩陶增添了生生不息的生命力；彩陶浑圆的腹部使得一个个漩涡更显光滑圆润，展现出宏伟大气之美。

马家窑文化彩陶的一大特点就是纹饰多变而富有格律。其中漩涡纹是马家窑文化彩陶纹样最具特色的一种。马家窑类型彩陶主要分布在黄河上游地区，奔腾的黄河水给先民们带来了丰富的水资源和肥沃的土地，大大促进了农业的发展，因此先民们对黄河有着天然的热爱和崇拜。加之黄河上游地势险峻，水流湍急，河水强大的冲击力使得水流旋转成涡，这种宏伟壮阔的形象加深了先民们对黄河的敬畏感。他们“观物取象”，把黄河水的不同形态用线条描绘在彩陶上，呈现出周而复始、连绵不绝、自由流动的动态美。看似繁复的纹饰，却不失布局的有序和均匀，鲜明流畅的线条，完美地勾勒出动与静、虚与实，给人以自由生动的和谐美感，这既是先民们以自然为灵感的审美情趣的展现，也是他们充分发挥主观能动性进行创新创造的智慧结晶。正因如此，马家窑文化的彩陶被称为“中国彩陶艺术的巅峰”。

从武威出土的马家窑文化彩陶来看，早在5000年前，在这块土地上生息繁衍的先民们就已经掌握了成熟的制陶工艺和高超的绘画水平。王景寨、五坝山、磨嘴子、瓦罐滩等遗址出土的彩陶，造型优美，器形多样，纹饰丰富多彩，它们承载着先民们对生活的热爱，也表现了先民们对艺术的追求。这件漩涡纹双耳彩陶罐，正是先民们生活、精神、情感及审美情趣的见证，也是实用性与艺术性完美融合的产物。

虽然相隔数千年，但我们仍能通过文物跨越时间的鸿沟，感知先民们诗意的精神世界和对美好生活的追求。

波折纹单耳彩陶杯

传承与创新的艺术结晶

这件波折纹单耳彩陶杯，造型别致且更加实用，纹饰也更加趋于简化，它的出现代表了彩陶文化发展变化过程中的创新，承载着古代先民生活的智慧，是不可多得的文化财富。

这件单耳彩陶杯，为泥质红陶，敛口，短颈，深直腹，腹部微突，平底，口沿上有一桥形耳。口沿和腹部墨绘蛙形波折纹，上下各三组，以线条相隔。器物造型简练，纹饰大方，保存完整，是新石器时代马家窑文化马厂类型中较为精美的原始陶器。

彩陶作为一种造型艺术，是农业文化的一种艺术表达，并随着农业的发展而变化，反映了远古时期的社会生产和生活状态。甘肃最早的彩陶出现于陇东地区，属于仰韶文化半坡类型，是以关中平原为中心的仰韶文化半坡类型的有机组成部分。随着生产力的不断发展，新的耕地被不断地开辟出来，彩陶文化像波浪一样，一个时期一个时期地向西推进，直到公元前 1500 年才最终在河西走廊最西端走到了尽头。

彩陶向甘肃传播的这一时期，初期风格基本上与中原保持一致，但从马家窑文化开始就走向了独特的道路，同仰韶文化的差距越来越大。这与甘肃地区多山脉，地理阻隔较大，与周边地区联系较为困难有直接的关系，在自我封闭发展的过程中，彩陶的造型和装饰纹样差别越来越大。而更深层次的原因是，彩陶文化在发展过程中受到当地原始居民的影响，与原住民文化相结合形成了新的文化类型。

在仰韶文化半坡期之前，甘肃没有彩陶，没有农业部落，但并不等于没有人类，在甘肃一带发现的旧石器时代文化遗址，就是最好的证明。也许这一时期当地的原始居民较为稀少，他们的生存状态和生活方式还停留在原始的采集和狩猎阶段，当仰韶文化地区的人们带来农业生产的时候，他们感到陌生，感到很不适应，所以双方各自独立，没有太多的接触，在一个时期内各自都保持着传统的文化特点。随着时间的推移，双方经过接触，逐渐熟悉起来，当地的某些部落开始接受和学习仰韶文化居民的生活方式和经验，并尝试种植谷物和制作陶器。来自仰韶文化地区的制陶技艺在当地原始居民手中逐渐娴熟起来，于是在制作彩陶的过程中，他们把自己部落的传统艺术和审美情趣结合进来，形成了具有地域特色的彩陶，这就是马家窑文化的彩陶。这一时期的彩陶，在造型、纹饰内容和表现方法上都与中原地区有所不同，只有蛙纹和鸟纹等少数母题还在以变化了的形式保持着古老的传统。

波折纹单耳彩陶杯

新石器时代马家窑文化（约前3300—前2050）
口径6厘米，高12.5厘米，底径6厘米
武威市凉州区新华乡磨嘴子墓群出土

这件波折纹单耳彩陶杯出土于甘肃武威磨嘴子墓群，造型别致且更加实用，纹饰也更加趋于简化，它的出现代表了彩陶文化发展变化过程中的创新，承载着古代先民生活的智慧，是不可多得的文化财富。

出土这件精美彩陶杯的磨嘴子墓群，位于武威市凉州区新华乡祁连山北麓一片丘陵台地上，总面积约 70 万平方米。这里除大量汉代墓葬外，还分布着许多新石器时代文化遗存。1956 年 3 月，甘肃省文管会兰新铁路文物清理组发现了磨嘴子古墓群，同年 11 月，共发掘古墓 8 座，多为东汉时期的墓葬。1957 年，甘肃省博物馆工作人员赴磨嘴子遗址复查，发现了马家窑类型和马厂类型文化遗存，并于 1959 年先后在此发现了以《仪礼》简、《王杖十简》为代表的大批竹、木简等重要文物，轰动了整个考古学界。

此后，磨嘴子墓群又经过多次考古发掘，出土了大型彩绘铜饰木轺车、推算天文历数的木质仪器式盘、有铭文的漆耳杯，以及苇席胎、六博木俑、套色印花绢箧、丝织物残片和毛笔等，都是十分珍贵的文物。特别是一处距今 4000 多年前的新石器时代马厂类型居住聚落遗址，遗址内遗存较多，层面内涵极其丰富。

磨嘴子墓群蕴藏着丰富的地下文物，其中大量精美的木雕、漆器和简牍等为我国历史研究、科学研究提供了重要的、珍贵的实物资料。2013 年，武威磨嘴子和五坝山墓群被国家文物局联合公布为第七批全国重点文物保护单位。

齐家文化玉器

史前玉器的西北之光

在中华文明的历史长河中，玉文化源远流长。作为史前玉文化重要组成部分的齐家文化玉器，代表了中国西北地区史前玉器的发展与流变，同时也向我们展示了当时社会手工业高超的工艺水平。

齐家文化玉器，同红山文化玉器、良渚文化玉器、龙山文化玉器等共同组成了极具魅力的史前玉器文化，在中国玉文化发展演变中占有十分重要的地位。齐家文化武威皇娘娘台遗址、海藏寺遗址在考古发掘中均有玉器出土，且数量大，器型美观，同时还发现了玉器加工作坊遗址，可谓是西北地区乃至全国史前文化末期最辉煌耀眼的成就之一。

中华文明尚玉的传统源远流长。《周礼》中就有“以玉做六器，以礼天地四方：以苍璧礼天，以黄琮礼地，以青圭礼东方，以赤璋礼南方，以白琥礼西方，以玄璜礼北方”的记载。《山海经》中也有“天地鬼神食玉”的上古玉文化观念。从已有的考古成果来看，前仰韶时期甘青地区尚无史

玉斧（一）

新石器时代齐家文化（约前2000—前1600）
长8.7厘米，宽5.8厘米，厚1.3厘米
征集

前玉器的集中发现，玉器和石器的区分也不明显，至齐家文化时期，这一地区出土的玉器才逐渐丰富起来。早期的玉器，石质较重，工具属性明显，多有使用痕迹，这也表明从这一时期开始，远古先民已经认识到硬度较高的玉材适合制作成击挖工具，但并未将其上升到凌驾于其他工具之上的特殊品，用玉及玉器加工制作不及中原与东方地区。

玉斧（一），呈长方形，玉质较浊，青色为主，整体打磨得十分光滑。一侧有一长 5 厘米的凹槽，一面有长 4.5 厘米的切口。表面有多处色斑，斧刃不甚平直，有使用痕迹，是典型的齐家文化早期玉器。早期齐家文化玉器以“美石为玉”，所以出现了部分只是属于“美石”而并不属于玉器的石器，在工艺上多通体磨光，这是一种齐家文化先民在生产、生活实践

玉斧（二）

新石器时代齐家文化（约前2000—前1600）
通长10.4厘米，通宽4.1厘米，厚0.7厘米
征集

中积累起来独立、自发的文化。

玉斧（二），表面莹润明彻，内部组织清晰，呈色由金黄到淡黄再到淡青。钻孔为喇叭形，浑圆规正，从一面打磨而成。这件玉器反映出，随着社会生产力的发展和革新，在齐家文化晚期，生产工具也演变成了装饰用品，人们更注重的是玉器在精神层面的表达。这是一种突破时代的表现，也是文化发展逐步成熟、走向新生的开始。

玉璧形器，形似桃心，不甚规圆，色呈黄绿和青绿，周边薄、中间厚，中心有一圆孔，素面无纹，表面有明显打磨痕迹，我们可以将它看作是玉璧的雏形。《尔雅》载“肉倍好，谓之璧；好倍肉，谓之瑗；肉好若一，

玉璧形器

新石器时代齐家文化（约前2000—前1600）
直径20.5厘米，孔径4.2厘米
征集

谓之环”，意指器物的孔旁宽大于孔径的可称之为璧，而瑗的孔径要大于孔旁宽，环的孔径则与边宽相等。但在考古发现中，此说并不绝对，故夏鼐先生建议三者统称为璧环类，简称为璧。玉璧的出现，标志着玉礼器的观念开始占据主导，从中也可窥探到原始先民敬畏大自然、敬畏生命的独特表达方式。这一时期，是齐家文化玉器的产生阶段。

到了中期，随着社会生产力的发展，礼器用玉逐渐居于主导地位，无

玉琮

新石器时代齐家文化（约前2000—前1600）
四边长约5.2厘米，高4.1厘米
征集

论是材质、制作工艺，还是玉器数量，都有明显的提升。这一时期的齐家文化墓葬中出土了大量的玉琮、玉璧、玉璜等带有祭祀属性的玉质礼器。

这件玉琮，器形扁矮，内圆外方，四边与内圆筒相切而微入，四棱分明，器表圆滑平整。玉质整体呈青绿色，有浅黄褐色斑蚀，光素无纹，形制风格简练，是典型的齐家文化玉琮。

玉璧

新石器时代齐家文化（约前2000—前1600）
外径15厘米，内径7.4厘米，厚0.6厘米
征集

这件玉璧，呈扁平环状，淡绿色，单面钻孔，孔径与肉径相同。肉面上有 7 处褐斑纹，一面有 9 厘米长的整齐切面。器表通体光滑，制作精致，是齐家文化玉器发展到中期的典型代表。这一时期的齐家文化玉器正处于鼎盛阶段。

关于这些玉器原材料的来源，随着各项研究的深入，多认为是以甘肃地区玉矿所产的玉石为主。甘肃的天水武山、临夏积石山、洮河流域马衔山、河西走廊祁连山段、酒泉马鬃山、敦煌旱峡等地均发现了早期的玉矿或玉作坊遗址，这些地区及周边则分布有较多且典型的齐家文化遗存。也有部分玉器被专家鉴定为和田玉属种，让人们对“玉石之路”充满了无限遐想。

在玉器加工制作方面，齐家文化玉器的制作承袭了古代石器制作的工艺，《诗经》中“他山之石，可以为错……他山之石，可以攻玉”“如切如磋，如琢如磨”的记载，便是从工具和工艺的角度描绘了玉器的制作。而磨制石器的出现，切割、钻孔、抛光等技术的发展，也很快应用在玉器的制作和加工上，这不得不让我们感叹当时社会手工业工艺水平的高超。

齐家文化玉器是新石器时代晚期西北玉文化的代表，它与同时期其他典型玉文化有一定的联系，又区别于它们，而呈现自身明显的特点，散发着西北地区独特的艺术光芒。

虎耳青铜鍑

器型巨硕 世所罕见

青铜鍑，多为炊具，在亚欧草原地区多有发现。这件虎耳青铜鍑，据考证，当为我国古代匈奴人所有，其造型别致，器型巨大，在迄今所发现的铜鍑中别具一格，它不仅反映了匈奴文化独特的艺术风貌，更见证了民族融合发展的重要历史时期。

2006 年 4 月 27 日，在武威市凉州区张义镇河湾村，一农户搭建温室修整土地时，在距地表 1 米左右的地下发现一件青铜器，经文物专家考证，为战国至西汉时期的青铜鍑，后被评定为国家一级文物。这件青铜鍑形似一只巨大的有柄酒杯，整体为圆球形，敛口，有喇叭形圈足底，底侧开 3 个小孔，内壁光滑，外壁范线明显。铜鍑通高 118 厘米，口径 87 厘米，腹径 109 厘米，腹深 97 厘米，圈足高 19 厘米，底径 38 厘米，重约 230 千克，造型硕大，甚为罕见。

这种器物的分布比较广泛，大都器型较大，高度在 30 厘米至 50 厘米左右，亚欧草原多有出土，但像武威出土的这件如此巨大的青铜鍑还是较

虎耳青铜鍑

战国晚期至西汉早期
通高118厘米，口径87厘米，腹径109厘米
武威市凉州区张义镇河湾村出土

虎耳青铜鍑（局部）

为罕见。青铜鍑的主要用途是烹煮食物，基本特征是，腹呈筒形、椭圆形、卵圆形或球形，一般有双耳或附耳，其耳或在口沿、或在肩腹部，大多有圈足，也有无圈足青铜鍑，圈足较高，腹较深。青铜鍑或发现于墓葬、或出土于居址、或埋藏于山沟。这件青铜鍑在发现时还有红色石块伴随出土，石块上似乎还刻有“文字”。一般来说，器物埋藏的组合关系，能显示其原有的功能及用途。结合这件青铜鍑外壁的烟熏痕迹和内壁有类似脂肪类的垢物，以及巨大的体型来看，应为祭祀用具，而且祭祀的规模应该也甚为盛大。

这件青铜鍑的口沿下至肩部还均匀分布着3个虎形耳，长19厘米，高约7厘米。虎作站立状，长身直背，首尾下垂，圆圈形眼，U形嘴，张口龇牙，相较青铜鍑其他部分，虎形耳的刻画更为精细，眼睛、鼻子、嘴都清晰可见。这与其他地域发现的青铜鍑有很大的区别，显得尤为独特。斯基泰文化中发现的青铜鍑，也有动物形耳，但动物铸像多装饰在青铜鍑口沿部，立耳式，较为常见的形象是羊。新疆地区出土的青铜鍑，动物铸像饰体的做法，要么类似斯基泰文化，装饰在口沿部，要么附加在立耳上做装饰，这种将动物铸像饰体直接做肩耳的情况，暂未见到，应该是受到汉地中原文化的影响。

武威自古便是一个多民族聚居的地区，不同类型的文化在这里融合与交流。结合这件器物的出土地及造型特点来看，该青铜鍑当是匈奴所使用，这一时期的武威正为匈奴休屠王所据。

匈奴是古代我国北方一个古老的游牧民族，其兴起于公元前3世纪前后（战国时期），在北方草原称雄一时。匈奴人的最高统治者称作单于。头曼单于时，匈奴奴隶制国家的形式已经开始取代传统的氏族部落制度，至冒顿单于时，奴隶制国家的体制得以确立，国家机构、国家机器等一整套政治体系经过发展也较为完善。单于以下设置左、右贤王，左、右谷蠡王，左、右大将，左、右大督尉，左、右大当户，左、右骨都侯。据《史记》《汉书》记载，匈奴右方王将河西地区划给浑邪王、休屠王、折兰王、卢侯王等七八个王。其中武威一带是休屠王的领地，据考证，在今武威市民勤县与凉州区交接地带的四坝乡三岔村有休屠城遗址，应是休屠王的王宫，这里地势平坦，水草丰美，是发展农牧生产的理想之地。

匈奴统治武威时期，大力发展畜牧业的同时，不断侵扰汉朝北部和西部边境。汉朝初期，多采用开放关市、结为兄弟之国，以及遣公主远嫁匈奴单于的“和亲”政策，但“和亲”并没有给双方带来真正的和平，匈奴仍然对汉朝北方不断侵扰，而且愈演愈烈，严重影响着汉朝的安宁。

至汉武帝初期，经过几代人的休养生息，汉朝国力逐渐强盛，于是主动出击匈奴力求与之决战，但收效甚微，随即转为控制匈奴的战略要地，武威所在的河西走廊便是主战场之一。公元前 121 年春，汉武帝任命 20 岁的霍去病为骠骑将军，率精兵出陇西，从东向西攻打河西走廊，斩首俘获匈奴 9000 余人，缴获休屠祭天金人。几个月后，霍去病再次出击匈奴，采取迂回袭击的策略，从西北居延海南下绕道河西走廊西边，从西向东扫荡河西匈奴，斩杀俘获 3 万余人，彻底控制了河西走廊，并设立武威、张掖、酒泉、敦煌四郡，取得了较大的战略胜利。之后，随着“漠北战争”的胜利，以及匈奴内部“五单于争立”等事件，匈奴政权相继灭亡，“匈奴”作为一个民族共同体逐渐从中国历史的舞台上消失了。

这件甘肃境内器型最大的青铜鍑，不仅反映了当时匈奴国力的强大，也因其独特的造型昭示着河西走廊在东西文化交流中的重要地位，更见证了民族融合发展的重要历史时期，是一件跨越千年、意义重大的文化器皿。

龟形铜灶
汉代明器灶的代表之作

早在战国时期，明器灶开始作为陪葬品出现于墓葬中。至汉代，明器灶陪葬之风十分盛行。汉代以孝立国，『事死如事生，事亡如事存，孝之至也』，对于逝者要考虑到他们生活方面的需求，明器灶便是死后炊厨空间的象征，使死者的灵魂可以在地下家园继续享用美食。

火的使用，使人类告别了“茹毛饮血”的时代，生产上，出现了刀耕火种；生活上，出现了熟食。自此，熟食与加工食物的灶产生了密不可分的联系。饮食是人类生存的基本保证，因而灶便成为人们日常生活中不可或缺的用具。

考古资料表明，早在新石器时代，先民们就用泥土烧造出了功能完备的灶，随着古代农业和经济社会的发展，灶的形态和功能随烹饪需求不断演进，但在相当长的一段时期内，灶都主要作为实用器存在于日常生活中。战国时期，明器灶出现，灶开始作为陪葬品出现于墓葬中，不过，作为陪葬品的灶已经脱离了实用性，其只是实用灶的缩小版模型，有形而无实，“貌而不用”。到了两汉时期，特别是西汉中期以后，明器灶陪葬之风在各地都十分盛行。

汉代墓葬中流行陪葬明器灶与当时的社会观念密切相关。一方面，灵魂不灭的观念使人们相信，现实生活中的一切在死后还会继续，因此，要给死者布置一个与生前环境一样的死后世界，让其魂魄在阴间依然享受着阳世那样的福祉。同时，汉代以孝立国，基于灵魂不灭又衍生出了“事死如事生，事亡如事存，孝之至也”的观念，对于死者，要像生者一样，考虑到他们衣食住行各方面的需求，小心侍奉。于是，生者便将现实生活中的器物和建筑以模型明器的形式搬演在墓葬之中，为死者构建出死后的生活空间，明器灶便是死后炊厨空间的象征，使死者的灵魂可以在地下家园继续享用美食，享受死后的幸福生活。另一方面，汉代的祭灶思想也促进了明器灶的流行。汉代对灶很重视，《汉书·五行志》称：“灶者，生养之本。”秦汉时期，祭灶被列入天子“七祀”和诸侯“五祀”之中，百姓也普遍以家庭为单位进行祭灶，可见上至天子下至百姓都很重视祭灶。当时的人们认为灶神不仅仅掌管炊事，还掌管着人们的寿夭福祸。因此，古人便将灶、灶神与祈求家庭生活平安富贵联系起来，陪葬明器灶也有了保佑子孙后代福寿绵长的寓意。

全国各地的两汉墓葬中都出土过大量的明器灶。考古发现的汉代明器灶，有陶、釉陶、铜、金等材质，其中占绝大多数的是陶灶，铜灶则较为少见，全国范围内发现的铜灶见于资料的不足百件。铜灶数量虽少，分布的地域

龟形铜灶

汉（前206—220）
长21厘米，宽14.8厘米，高6厘米
武威市凉州区韩佐乡五坝山汉墓群出土

却很广，内蒙古、河北、山西、陕西、宁夏、甘肃、四川、青海、江苏、安徽、湖北、湖南、广西都曾出土过汉代铜灶，目前来看，铜灶的分布并无明显的地域性，但陕西、内蒙古、山西等北方地区出土的数量稍多。

目前所见的汉代铜灶根据形态大致可分为两类。第一类铜灶一般具有一些共同的特征：灶面呈船头形，灶身开圆形火眼，灶头有柱状烟道，灶尾开火门，灶体为平底，底部有四足。这类铜灶的灶眼一般为 1 个或 3 个，灶眼上有釜、甑、盆、勺其中几类的组合，烟道顶端的装饰为龟首或龙首，其中装饰龟首的比例较高，有的铜灶灶身及釜身还装饰成对的铺首衔环。这类铜灶的数量占目前所发现的汉代铜灶总量的绝大多数。第二类铜灶形态各异，因数量极少，无法具体分类，它们的共同特征是平底无足。这类铜灶代表性的有 1971 年广西合浦望牛岭 M1 出土的龙首三眼长方形铜灶，1976 年河北邢台南和县左村汉墓群 1 号墓出土的带甗虎首烟道铜灶，1985 年江苏江州邗江姚庄 M101 出土的西汉铜灶，以及湖南省博物馆藏的西汉铜灶，等等。

1984 年，武威市凉州区韩佐乡五坝山汉墓群出土了一件铜灶，这件铜灶为典型的上述第一类铜灶。其烟道顶端饰龟首，因而烟道整体似龟颈，灶身形状似龟身，加上四足，整体形态似龟，故命名为龟形铜灶。这件龟形铜灶由灶身、烟道、四足、三釜和一勺组成。灶身通长 21 厘米，通宽 14.8 厘米，通高 6 厘米，平面形状呈船头形，灶面有 3 个火眼，一大二小，呈“品”字形排列。灶身为斜直腹，平底，尾后部开一长方形火门。烟道靠近灶头，呈圆柱状，与灶面相接，出烟口作昂首张口龟首形，上面装饰龟眼、龟鼻图案。灶身下方有4个片状蹄足，用以支撑整个灶身。釜和勺为铜灶的附属物，可与灶体分离。三釜为一大二小，但形制相同，大釜口径4.7厘米，小釜口径4厘米，均为小直口、斜肩、圈底，腹部有一宽沿，能正好将釜架在火眼上。勺柄较长，勺头椭圆，置于釜中。就各地发现的龟形铜灶来看，一件完整的龟形铜灶除釜和勺以外，还应附有配套的甑和盆。彭阳博物馆和灵台博物馆所藏的龟形铜灶在同类的三火眼龟形铜灶中相对完整，铜灶三火眼上各有一件釜，较小的釜内放铜勺，较大的釜上放置一套形状、大小相同的甑和盆，均为平折沿，斜弧腹，平底。甑正放在釜上，盆倒扣于甑上，既是盆，也可当作甑的盖。

龟形铜灶取龟之形，寓意更添吉祥。《礼记·礼运》载："麟、凤、龟、龙，谓之四灵。"可见，在汉代，龟被视为神灵的化身。同时，龟也是权力和财富的象征。汉王朝将龟的形象纳入官印体制，五品以上高官所用的印章，按照官位高低采用不同材质的龟形印纽。《史记·龟策列传》载："能得名龟者，财物归之，家必大富至千万。"

武威地区出土的铜灶仅五坝山汉墓中这一件，在当地同时期墓葬均陪葬普通陶灶的背景下，这件珍贵的龟形铜灶的出现，说明墓主人在生前可能有很高的社会地位或占有更多的财富。

蟾形青铜砚滴

盛涓滴水，泽千年文脉

铸出爬沙状，儿童竞抚摩。
背如千岁者，腹柰一轮何。
器蛟瓶罂小，功于几砚多。
所盛涓滴水，后世赖馀波。

——（宋）刘克庄《蟾蜍砚滴》

“胸藏文墨怀若谷，腹有诗书气自华”，是古代文人所想要达到的境界，而提到文人就不得不提到文房用具了，除了常见的笔、墨、纸、砚之外，还有水盂、镇纸、笔筒、笔架、笔挂、笔洗、墨盒、印章等。武威市博物馆里就收藏着一件特殊的文房用具——蟾形青铜砚滴。

这件蟾蜍形青铜器出土于武威市凉州区东河乡王景寨村，经专家鉴定为东汉时期的砚滴，长 12.8 厘米，宽 9.8 厘米，高 10.2 厘米。蟾蜍立姿，口含耳杯，背部浑圆，蟾眼突出，两前腿直立，两后腿下蹲。两前腿外侧有圆形小孔，用来插笔，背部中间有一凸起注水孔。蟾蜍憨掬可爱，栩栩如生，整个造型生动逼真，构思精巧，集雅玩、实用于一体，让人爱不释手。

蟾形青铜砚滴

汉（前206—220）
长12.8厘米，宽9.8厘米，高10.2厘米
武威市凉州区东和乡王景寨村出土

为什么古人要把蟾蜍摆在高雅的书房里呢？这要从古人的蛙形崇拜说起。《淮南子·精神训》："日中有踆乌，而月中有蟾蜍。"古代的人们将月亮称为蟾宫，用蟾宫折桂来形容考试成功、金榜题名。蟾蜍形砚滴暗

含蟾宫折桂的美好寓意，巧妙地寄予了学子登科及第的美好愿望。同时，蛙类是一种卵生动物，一次能产卵3000到6000颗。古代的人们把蛙类视为多子的象征，寄托了他们对人丁兴旺、种族昌盛的美好心愿。

砚滴，又名水滴、水注、蟾注等，贮存清水供磨墨之用。古人在使用砚台的过程中发现，用水盂往砚台里添水时，水量不容易掌握，于是智慧的古人发明了一种便于掌控水量的贮水器物，有单独的进水孔和出水孔，磨墨时把适量的水滴在砚台上，以调适墨色的浓淡，这就是砚滴。其形制小巧玲珑，造型别致美观，是我国古代文房中的重要物件之一。当使用时，它水流细缓，调适墨色的浓淡十分理想；当赏玩时，它古朴雅致，独具神韵，是文人们个性的抒发和格调的表现。宋代苏轼的《夜直玉堂携李之仪端叔诗百余首读至夜半书其后》有云："暂借好诗消永夜，每逢佳处辄参禅。愁侵砚滴初含冻，喜入灯花欲斗妍。"可见作为文房"小器"的砚滴，既具实用又助文思，既绘意境又寄情怀。

砚滴最早出现的时间，没有准确的文字记载，从目前出土的器物年代来看，在东汉的时候便已有了动物形砚滴出现，所以砚滴的出现时间应该不晚于汉代。砚滴最早为玉质，后逐渐有铜、陶、瓷等质地。其形制各异，历代均有创新，如汉代砚滴多为龟、蛇、熊、羊、蟾之形，古朴浑厚，魏晋时除流行汉时的熊形砚滴外，蛇、龟等青瓷砚滴也较流行。元代以前多为较单纯的兽形，除蟾蜍、玄武外，大部分为珍禽瑞兽，如辟邪、麒麟、鹿、天禄等，到清代则形制更加多种多样，异彩纷呈。可见，早期的砚滴不仅是一种文房用具，还是代表祥瑞气氛的物品。

砚滴不但是书房里的实用工具和艺术品，而且蕴含着科学原理，是清雅书房里的一种“黑科技”。考古发现，早在汉代，古人就已掌握了利用气压原理控制滴水量的方法。

磨墨的时候，需要向砚台中加入一定量的清水，而砚滴的巧妙之处就在于它一般有两个孔口——出水口和注水口，出水口低于注水口，通过对注水口的压覆可以控制出水口的水流。给砚台加水时，手持砚滴，两孔口所受大气压强相同，让水面趋于等高，水就会从低位的出水口内流出。若用一根手指堵住高位的注水口，器内水面上的大气压强与器外的大气压强不再一致，产生了压强差，水便流不出来了。再次松开注水口，位于低位的出水口才会继续有水流出。在这种气压原理的作用下，手指压覆的轻重启合便能控制流出水量的多寡缓急，不致手抖倒出太多水，毁了一砚墨。

砚滴不仅蕴含着科学的物理原理，其作为实用性器具，在设计时对尺寸的考虑及人性化的观照也十分精准，无论是什么外在形态的砚滴，尺寸最多也不过十几厘米，刚好适合一手掌握，可以单手操控轻松控制水量。

小小的砚滴，满满的智慧。砚滴饱含了古人尊重并利用自然规律服务于人的思想，充分展现了古代工匠们的造物智慧，让我们有机会一窥历史长河里的科技之光。它的精致玲珑成为古代文人墨客把玩的心仪之物，它的穷工极巧展现了中国传统文房的智趣魅力，让我们不得不感叹：“盛涓滴水，泽千年文脉！”

《王杖诏书令册简》与彩绘漆木鸠

汉代的『养老令』『敬老卡』

在中华文明几千年的历史长河中，尊老敬老一直是永恒的主题，特别是汉代，在以『孝』治国思想的影响下，实现了尊老敬老从观念到制度、从制度到律法的演变，其时，不仅有优待老人的明文规定，更有彰显老人特殊社会地位的王杖。

中国作为礼仪之邦，尊老敬老的传统美德犹如一泓清泉，在中华民族的历史长河中源远流长。在漫长的中国古代社会中，尊敬老人、孝敬老人、赡养老人的优良传统历久弥新，是中华民族优秀传统文化的重要组成部分。

据考证，远古时期就有敬老的先例。每年春夏秋冬四季，君王会在“上庠”（国立学校）与“下庠”（私立学校）举行敬老典礼，宴请朝廷中年迈的官吏、子孙后代为国牺牲的老人，以及庶民中的老者，这项典礼称为燕礼。此外还有飨礼和食礼。不同规格的敬老仪式，初步构成了古代社会早期的尊老养老礼仪。

《王杖诏书令册简》

汉（前206—220）

长23.2～23.7厘米，宽0.9～1.1厘米

武威市凉州区新华乡磨嘴子汉墓出土

周朝除沿用前代三礼，还对老人按年龄进行区分，“五十养于乡，六十养于国，七十养于学，达于诸侯”。国家大力提倡敬老尊贤，《管子·入国》记载：“所谓老老者，凡国、都皆有掌老，年七十已上，一子无征，三月有馈肉；八十已上，二子无征，月有馈肉；九十已上，尽家无征，日有酒肉。死，上共棺椁。劝子弟：精膳食，问所欲，求所嗜。此之谓老老。”意即在城邑和国都要设“掌老”官职，规定年龄七十岁以上的老人，一子免除征役，每三个月有官家所送的馈肉；八十岁以上的老人，二子免除征役，每月有馈肉；九十岁以上的老人，全家免役，每天有酒、肉的供应。这些人死了，君主供给棺椁。还要劝勉他们的子弟：细做饮食，询问老人的诉求，了解老人的嗜好。这些就叫作“尊老养老”。如此详尽的规范，使周朝统治区域内尊老敬老之风盛行，老人得到赡养与重视，社会地位也随之提高。这是古代尊老养老礼仪的发展和完善。后来，人们将诸侯对待老人的态度与纳贤兴邦的国之大事联系到一起，认为敬养老人、尊重贤者，国家就有喜庆；反之，国家就有灾祸。

两汉时期，统治者吸取秦亡于暴政的教训，推行以孝治天下的理念，在以法治国的基础上，增加了对人民的意识形态即孝道教育。这一时期，从皇家到官员，及至平民阶层的小家，都渗透着对孝的重视，从而构建和谐的家庭以达到“无为而治”的目的。因此，尊老养老的礼仪规范逐渐从伦理道德和社会公德演变为一系列法律制度，使汉朝“孝治天下”有了法律保障。汉高祖刘邦一统天下后，颁布了一系列优抚政策，实行了明确的尊老养老法规。其中就有向社会颁布的王杖制度，这一重要法令，在文物当中有生动的实证，让我们对汉代的养老制度有了更为直观和清晰的认识。

1959 年，武威新华乡磨嘴子 18 号汉墓中出土了 10 枚汉代简牍，被称为《王杖十简》。简为松木质，长 23 厘米，宽 1 厘米。单枚简字数多者 37 字，少者 6 字，共 240 字。内容主要是汉代养老敬老、尊礼高年的规定。第 1、2 简为成帝建始二年（前 31）诏书的内容，第 3 至第 8 简引述兰台令对具体案例的处理，第 9 简为东汉永平十五年（72）一位名幼伯者受王杖的记载，第 10 简为检署。自出土以来，对简文的排列及内容曾引起学术界热烈讨论，对它的释读、次第、编排等问题，一直悬而未决，争论纷纷。1981 年，武威磨嘴子汉墓 18 号墓《王杖诏书令册简》的发现，使这些问题迎刃而解。

《王杖诏书令册简》，松木质，长条形，长 23.2 ~ 23.7 厘米，宽 0.9 ~ 1.1 厘米，编简的麻绳已不存，但仍能看到绳编过的痕迹。原简共 27 枚，除第 15 枚缺失，其余 26 枚首尾俱全，保存完整，背面均有墨书编号，使排序一目了然，也为《王杖十简》的编序提供了参考。每简字数不等，最多为 35 字，最少为 4 字。历经千年，简上面墨书汉隶依然清晰可见，向后人诉说着真实的过往。简文中记载了西汉皇帝诏书五份：一、尊敬长老，抚恤鳏寡；二、抚恤孤独、废疾（为成帝建始元年二月甲辰发布的诏书）；三、高年赐王杖；四、处决乡吏殴役王杖主；五、年七十杖王杖。最后一简是诏书令的总名称，篇目即册簿的检署。其中明确规定："制诏御史：年七十以上，杖王杖，比六百石，入官府不趋，吏民有敢殴辱者，逆不道，弃市。"皇帝要为年满七十岁以上的老人赐一根长达 1.9 米的鸠杖，拥有鸠杖的老人就拥有了一些特权，比如：可以自由出入官府；可在天子驰道旁道上行走；种田不用交租；做买卖不用交税；可以在集市上卖酒（酒以前是官方专卖物资）；如果老人触犯刑法不是首犯的话可以免除刑罚；无论是官吏还是平民，有敢侮辱、谩骂、殴打王杖主人的，一律按大逆不道罪论处。

当然，有法律就有以身试法者。简文中还列举了五个违法者的案例，以儆效尤。云阳县白水亭长张熬，因殴打、拉扯持王杖的老人，迫使其修路，王汤告发了此事，官府判处张熬弃市之刑；汝南郡男子王安世，凶悍狡黠，不仅殴打王杖主人，还折断王杖，被判处弃市之刑；南郡亭长司马护，擅自传唤持杖老人，并对其进行殴打拘留，也被判处弃市之刑；长安东乡啬夫田宣，捆绑持杖老人，被金里告发，官府判处田宣弃市之刑；陇西男子张汤，奸诈凶恶，殴打王杖主，折断王杖，被判处弃市之刑。五件案例中有亭长二人、乡啬夫一人、平民二人，皆因殴打、侮辱王杖主人或破坏王杖而被处以死刑，说明王杖制度在汉代社会曾有效推行实施，无论身份地位高低都需严格执行。这些规定是以立法的形式保障了老人的一些权益，是中国古代最早的"老年人权益保障法"。《王杖诏书令册简》的出土，以实物证明了中华尊老养老文化的先进性。早在两千年

彩绘漆木鸠

汉（前206—220）
长16厘米，宽6厘米，高11厘米
武威市凉州区新华乡磨嘴子汉墓出土

前的西汉时期，中国就建立并形成了完备的尊老养老法律制度，实现了尊老养老文化从观念到制度、从制度到律法的演变，孝伦理不仅是人们的行为规范和社会准则，更是国家普遍认可的社会制度，成为法治国家的一部分。

《后汉书·礼仪志》中记载：“王杖长九尺，端以鸠鸟为饰。”意思是，这根长达 1.8 米的王杖，顶端装饰着一只鸠鸟。幸运的是，在武威磨嘴子、旱滩坡等汉墓中出土了较为完整的鸠杖，其中有一件彩绘漆木鸠，保存完好，形态生动，它的发现，使“王杖制度”不仅有法律文献记载，而且有了实物依据。

这件彩绘漆木鸠为鸠杖的杖首，漆木器，长 16 厘米，宽 6 厘米，高 11 厘米，通体墨彩绘制，从颈部至腹部绘鱼鳞状羽毛，两翼及尾上部绘鱼骨状羽毛。鸠鸟呈卧姿，双目平视，两翼收拢于背部，尾呈平行片状，两足曲伸，中有方形卯，为杖杆接榫处。鸠鸟的口中含有一颗圆形食粒，因鸠鸟是“不噎之鸟”，用鸠鸟作饰物，寓意老人吃饭不噎、身体康健，古语“鸠鸟熙春”就有祝福老人身体健康、长命百岁之意。“鸠”者“九”也，九为阳数最大者，象征着至高无上的荣耀；“鸠”又与“久”同音，因此鸠鸟也有长长久久、如久天长的美好祝愿。可以说，在汉代最让耄耋老人有尊严、无比幸福的就是拄着朝廷赐予的鸠杖出行了，鸠杖也成为了汉代的“老年证”和“敬老卡”。

鸠鸟和鸠杖的渊源由来已久，在距今 3500 年前的青海湟源卡约文化遗存中就发现有两件青铜鸠杖首，全国各地也都曾出土相关文物，这些鸠鸟及鸠杖，或木质、或铜质、或玉质，但其造型往往大同小异。鸠杖最初应为远古时期原始部落的权杖，是部落首领权势的象征，与远古先民的鸟图腾崇拜有着密切关系。后来，随着社会的演变与文化发展，鸠杖的权杖功能逐渐淡化，帮助老人行走的功能逐渐凸显，其尊老敬老的象征意义也逐渐衍生。

东汉应劭在《风俗通》中记载了这样一个故事："俗说高祖与项羽战，败于京索，遁蘩薄中，羽追求之。时鸠正鸣其上，追者以鸟在，无人，遂得脱。后及即位，异此鸟，故作鸠杖以赐老者。"意思是楚汉相争之际，有一次汉高祖刘邦打了败仗，逃跑至一处密林之中躲藏，追兵到来时，见树上的斑鸠鸟在鸣叫，以为树丛中没人，就撤兵走了。刘邦即位后，觉得这种鸟很神奇，是吉祥之鸟，便将鸠鸟的形象做成手杖，并赐给当时的老人，希望老人们也可以得到鸠鸟的护佑，平安健康。虽然这个故事的真实性有待考证，但可以看出人们对鸠鸟赋予了吉祥美好的寓意，体现了汉代对尊老养老的重视。

几千年来，鸠杖所代表的传统文化中尊老养老的理念不因时空流转而更改，从家庭礼制到国家制度，从社会体制到法律制度，其中蕴含的中华孝文化长久不衰、绵延不绝。《王杖诏书令册简》不仅是尊老敬老制度的启示和范本，更是良好社会风尚的传承和借鉴，时刻提醒新时代的我们，弘扬中华传统文化美德，是我们义不容辞的责任。

彩绘木马

凉州畜牧甲天下

这件彩绘木马，雕刻刀法粗犷有力，直立的马腿圆厚多肉，马蹄厚重，展现出骏马的刚健有力。其细微处又细致如描，尤其是面部紧绷的轮廓线条，似有一股蓄势待发之力，无不显示出动与静、刚与柔、实与虚的完美融合，匠心独具。

武威地处河西走廊的东端，西通西域，东接中原，为汉王朝设立的“河西四郡”之一，是古代丝绸之路上的政治、经济、军事、文化重镇。古代的河西走廊气候温润，水草丰美，历来是天然的牧场和养殖良马的基地。得天独厚的自然条件孕育了武威“善水草、宜畜牧”的优越资源，在汉王朝的经略治理下，武威的农牧业经济得到有效发展，有“凉州畜牧甲天下”“凉州之畜为天下饶”的美誉，因此在武威出土有很多与马相关的文物。

汉代的墓葬常常出现马俑，陪葬马俑数量的多少代表着墓主人的身份和地位。这件彩绘木马出土于武威新华乡磨嘴子汉墓群，为国家一级文物。其为松木质，马头、双耳、颈、四肢、尾分开雕刻，粘接而成，马的面部、

彩绘木马

汉（前206—220）
通长94厘米，通高96厘米
武威市凉州区新华乡磨嘴子汉墓出土

身体零星可以看到白色彩绘，大部分已脱落。马背上雕刻马鞍，马鞍略微凸起，呈梯形，大小适中，中间凹陷，鞍上饰黑色彩绘云纹，为整匹马增添了一份精致的装饰。木马昂首立姿，身驱饱满，英姿勃发，符合汉代良马的形象，是一匹矫健的良马。那么，什么样的马是良马呢?

早在春秋战国时期，就有了中国最早的相马术著作《相马经》，记载了良马的典型特征，包括马的外在器官和内在功能的紧密联系，作为人们挑选良马时的参照标准。西汉擅长相马的名家东门京，通过马的外形总结出良马的完美体态特征和具体的比例尺寸，再按照良马的样式铸造成铜马。为了让更多的人掌握相马的诀窍，汉武帝命令其把铜马立于长安的鲁班门外，作为参考标准，供人们品评择选良马。这种良马的形象，被称为“马式”，鲁班门也因此被改称“金马门”。

根据《相马经》记载的内容，这件彩绘木马完全符合良马的形象。相马先相头，这件木马的头部似龙头，面若刀削，线条清晰，肌肉感强；耳朵小而尖，耳小则肝小，肝小则识人意，有灵性，火气小，好驯养；眼大突如悬铃，眼大说明马的心脏大，心脏大则健康，遇事勇猛不惊；鼻孔大可握拳，鼻大则肺大，肺大则肺活量好，能奔能跑；脖子粗壮，说明呼吸顺畅，进食通畅。《相马经》中记载：“马头为王，欲得方。目为丞相，欲得明。脊为将军，欲得强。腹为城郭，欲得张。四下为令，头欲长。眼欲得高眶，眼睛欲得如悬铃、紫艳光，眼下悬蚕、悬凿欲得成。马耳欲得相近而前立，又欲得小而锐、状如削竹。马鼻欲得广大而方。”雕刻这匹木马的工匠精准地掌握了良马的特征，尤其是着力刻画马的面部，不仅轮廓清晰，而且刀法干净，“刀削式”的面庞上一双炯炯有神的眼睛，黑色的眼珠透出自信勇毅的神情。

马在古代有着无可比拟的重要地位。汉代军事家伏波将军马援曾说：“夫行天莫如龙，行地莫如马。马者，兵甲之本，国之大用，安宁则以别尊卑之序，有变则以济远近之难。”马在运输、驿传、农耕等广泛的社会生活领域中发挥着重要作用，尤其在战争中，不光需要大量的人力、物力、财力，同时也需要大量优良的战马。在汉代，马不仅是重要的交通工具，也是国家开疆拓土的利器，是军事实力的体现。汉武帝时，北方匈奴族成为汉王朝的劲敌，时常威胁着西汉政权及西域地区的商贸往来。汉武帝为摆脱这种不利局面更是多求良马以充实军队。公元前 119 年，张骞第二次出使西域返回汉地时，乌孙国昆莫派使者跟随张骞来到长安，将“马匹十匹”献给汉武帝。公元前 105 年，汉与乌孙和亲，乌孙国贡一千匹乌孙马为聘礼。汉武帝非常高兴，特为乌孙马作《西极天马歌》：“天马来兮从西极，经万里兮归有德。承灵威兮降外国，涉流沙兮四夷服。”汉武帝为了获取良马，派贰师将军李广利率大军征伐大宛，长达四年之久的大宛之战最终获得胜利，得到良马几十匹以及中等以下的公马与母马一千多匹。汉武帝称大宛汗血马为天马，将乌孙马改称为西极马，并作《天马歌》以贺：“天马来，从西极，涉流沙，九夷服。天马来，出泉水，虎脊两，化若鬼。天马来，历无草，径千里，循东道。天马来，执徐时，将摇举，谁与期？天马来，开远门，竦予身，逝昆仑。天马来，龙之媒，游阊阖，观玉台。”此后，大宛“岁献天马二匹”，乌孙马和大宛马的引进，使西汉的马种迅速得到改良和进化，经过一代又一代的选育，汗血马与蒙古马、河西走马进行结合，最终培育出既能适应西北地区生态环境，又具备优良体格性能的新马种。这种马高矮适中，骨骼强韧，肌肉丰满，力量与速度兼备，且能走轻捷稳实的对侧步，既适于挽车，又宜于骑乘，后来被称为“汉马”，它奠定了古代中国马的基型。

以国宝“铜奔马”为代表，武威出土的马类文物非常丰富，仅磨嘴子汉墓就出土马俑 35 件，而且这些马俑在外形塑造上有异曲同工之妙：体形高大健硕，马头骨多肉少，张嘴作嘶鸣状，刚健有力，神采奕奕。这些体貌特征，集良马的特点于一身，使其无论外形还是骨相都趋于完美，呈现出马最优异、最为理想化的形态，体现了汉代的人们对于“良马式”的追求。当时的工匠们通过日常生活中仔细的观察，对马的外形和神貌谙熟于心，再利用得心应手的木雕工艺进行艺术创作，雕刻出的马成为汉代陪葬明器的一大亮点。武威汉代木马，以独特的雕刻风格，优美的艺术造型，在汉代雕刻艺术上占有重要的地位，它真实地反映了汉代武威养马业所处的历史地位及养马业的发达，也进一步说明汉代社会对养马的重视。因此，这些马俑的出土，是研究汉代武威社会经济、畜牧业发展、文化雕刻艺术及丧葬仪式的珍贵实物资料。

这件彩绘木马，雕刻刀法粗犷有力，马的颈部、腹部刀路清晰，仿佛刚刚完工似的，直立的马腿圆厚多肉，马蹄厚重，展现出骏马的刚健有力，胸脯与臀部的肌肉结实，体形塑造得格外圆润饱满，似乎积聚着巨大的力量。与此同时，细微处又细致如描，马的后腿关节的弯折、眉骨的高低起伏、眼眶的粗细刻画，尤其是面部紧绷的轮廓线条，似有一股蓄势待发之力，无不显示出动与静、刚与柔、实与虚的完美融合，匠心独具。通过这些轮廓与细节的铺陈刻画，不仅保留了马的自然形态，而且运用夸张的手法，将马的神韵和气魄提炼、概括出来，凸显了马威风凛冽的姿态，一匹良马跃然眼前，让人过目不忘。史书记载：“凉州大马，横行天下。”这件木马就是凉州大马的真实写照，彰显出汉王朝朴素厚重的的审美风尚，同时也是汉代威武精神的写照。

再次凝视这件来自两千多年前的骏马，它昂扬的姿态、深邃的眼神，似乎将我们带回到大汉扬威的时代，它驰骋在祁连山连绵的山脉间，奔腾在河西走廊广袤的草原上，大汉王朝荡气回肠、浪漫无拘的气魄与胸襟，在它嘹亮的嘶鸣中反复回响……

彩绘木独角兽

公平正义的神兽

独角兽，在中国古代神话中被称作獬豸。古人认为，獬豸是一种能够明辨是非曲直、识别善恶忠奸的神兽，故历来被视为司法公正的标志，也是“正大光明”“公平正义”的象征。

提到独角兽，人们的第一印象是西方神话故事中长有螺旋角的神奇动物。其实，独角兽并不是西方的专属生物，中国古代也有独角兽的形象。武威市博物馆就收藏有三件汉代木雕独角兽，造型奇特，形态生动，富于想象力，雕刻技法简洁纯熟，生动地表现出了力量和气势之美，是汉代木雕的代表作，也是研究汉代社会生产、雕刻艺术、文化生活及丧葬习俗的实物资料。

木雕彩绘独角兽（一），国家一级文物，木质，角、躯干、四肢、尾分别雕刻后粘接而成。身似牛，四肢弯曲，叶片形耳紧贴身体，头顶正中一剑形独角，刀形尾上翘，左足前蹬，右后足斜蹬，独角下压，作向前冲状。

木雕彩绘独角兽（一）

汉（前206—220）
身长70厘米，高33.5厘米
征集

独角绘红、白相间的八条带状纹，尾绘红、白相间的三组带状纹，通体绘红、白相间弧线纹或三角纹。

这只独角兽粗壮刚健，遒劲有力，脖颈后缩，低头含胸，目光向下，壮实的身躯配上有力的四肢、高翘的尾巴，尤其是伸向前方的独角，表现出雄强的力度和威猛的气势，夸张而不失协调，构成力量的核心。角、头、颈、背、尾高低起伏，错落有致，四肢动作变化生动，具有威猛的气势，虽然是静止的状态，却表现出一往无前的动势，仿佛随时要向前进攻。

木雕彩绘独角兽（二），国家一级文物，松木质，角、躯干、尾、四肢分别雕刻后粘接而成。身似牛，四肢弯曲，叶片形耳紧贴身体，头顶正

木雕彩绘独角兽（二）

汉（前206—220）
长44.5厘米，高19厘米，尾长30厘米
武威市凉州区新华乡磨嘴子汉墓出土

中一剑形独角，刀形尾直立上竖，臀后缩，足前蹬，作向前冲状。通体彩绘，触角绘红、黑交叉的六条带状纹，尾绘红、黑交叉的五组波状纹，身绘红黑圈弧线纹。

这只独角兽身体浑圆，略显笨拙，少了一份勇猛威武，却多了一份呆萌可爱。它笔直的尖角和竖直的尾巴，表达了内心的耿直和不屈，形态十分传神。

木雕彩绘独角兽（三）

汉（前206—220）
长36厘米，高21厘米，尾长29厘米
武威市凉州区新华乡磨嘴子汉墓出土

木雕彩绘独角兽（三），国家二级文物，松木质，角、躯干、四肢、尾分别雕刻后粘接而成。身体微后倾，四肢曲弓，双耳紧贴脸部，低头、翘尾，通体墨绘弯曲的短线条，黑蹄。

这只独角兽的质地略显粗糙，但其造型雄强的力度和威猛的气势增加了动感和紧张炽烈的气氛，呈现出一副决斗前勇猛无畏的样子，使观者感受到一种严阵待发、勇猛无比的气势和力量。

这三件独角兽神态各异，造型独特，充满魔幻感，显示出高超的雕刻工艺水平。那么，独角兽是用来做什么的？它有什么寓意呢？

在墓葬中，独角兽是作为一种镇墓兽而存在的，古人将其置于墓中镇墓驱邪，守护墓主人的灵魂不被鬼怪打扰。在我国古代神话传说中，有一种被称作獬豸的神兽，形似麒麟，大者如牛，小者如羊，其头上长着一只尖尖的角，因而很多与獬豸有关的文物被称为“独角兽”。古人认为，獬豸是一种能够明辨是非曲直、识别善恶忠奸的神兽，故历来被视为司法公正的标志，也是“正大光明”“公平正义”的象征。在古籍中，獬豸也写作解廌、獬廌、解豸等。汉代学者杨孚在《异物志》中记载：“东北荒中有兽，如牛，一角……见人斗则触不直者，闻人论则咋不正者，名曰獬豸。”意即长有一角的獬豸，能辨别是非曲直，能识善恶忠奸，看到有人在争斗，他会用犀利之角抵触那个不正直的人；听到有人在争论，它会用嘴去咬不讲理的一方。因此我们看到的文物中的獬豸，常常是正在向前进攻的姿态，表现出刚正不阿的秉性和“触不直者”的神威。

獬豸除了寄寓公平公正，它还与法有着深层次的紧密联系，古代“法”字的结构中就藏有一只獬豸。古代的“法”字写作“灋”，许慎《说文解字·廌部》载：“灋，刑也，刑平如水，从水。廌，所以触不直者去之，从去。”“灋”字由“水”“廌”“去”三部分组成，“水”代表执法公平如水，“廌”代表惩罚不法者，“去”代表坚决除去不公正。对于“廌”这种动物，《说文解字·廌部》云：“廌，解廌兽也，似山牛，一角；古者决讼，令触不直；

象形，从豸省。”学者多认为“廌”就是獬豸。“廌”“法”二字合为一体，取公正不阿、公平如水之意。随着时间的推移，为方便书写，“灋”字中的“廌”被隐去，简化为“法”。獬豸作为“法”的化身，从春秋战国时期便出现在古代司法官员的服饰上。《后汉书·舆服志》载：“獬豸，神羊，能辨曲直，楚王尝获之，故以为冠。”相传楚文王曾获一獬豸，照其形做成冠戴于头上，于是上行下效，“獬豸冠”在楚国成为时尚。后来，“獬豸冠”寓意执法者铁面无私、明辨是非、公平公正。秦代以后利用獬豸的形象作为御史和司法官员的饰物，即冠上有一根突出的角，象征獬豸。明清时，御史、按察使等监察、司法官员不仅要戴“獬豸冠”，还要穿绣有獬豸图案的补服，“獬豸服”成为司法官员的“标配”。不仅如此，在皇家建筑中獬豸的形象也占有一席之地，如明孝陵和十三陵的镇墓神兽，故宫太和殿、乾清宫内威严的独角兽，都是獬豸的化身。即使到了现代，也能看到很多法院、政法大学都有獬豸的形象出现，以表示对传统律法文化的继承和发扬。

千百年来，由“灋”到“法”，“廌”字虽然已被简化隐去，但它象征的中国传统律法文化并没有消失。作为法治的“代言人”，“獬豸”也深刻体现着中国人自古以来对法律公平正义的追求和对“有法可依、有法必依、执法必严、违法必究”的维护。它见证了古代律法文明的传承，也启迪着新时代的文明之路，是中华民族诚信、公平精神贯穿于五千年文明的真实写照。

墨绘木牛车

汉代河西地区重要的运输工具

这件木牛车，由牛、车两部分组成，皆为松木质地，出土后仍然保存完好，车轮尚能转动，是目前所知存世最早的牛车实物。

武威，作为古丝绸之路的重镇，留下了蔚为大观的汉代文物，其中最具特色的便是汉代木雕。这些木雕种类丰富，有人物俑、动物俑等，造型生动，姿态各异，既粗犷写实又极富想象，既简约质朴又灵动趣意，充分展示了汉代木雕独特的艺术风格和雕刻技艺，是中国木雕艺术中的珍宝。

长久以来，牛在农业生产中具有不可替代的特殊作用，而且其坚韧不拔、开拓向前、为民造福、任劳任怨、不怕牺牲的品格，受到人们的赞颂。随着生产力的发展，牛的作用进一步拓展，在以农为主的中国古代社会，“牛乃耕农之本，百姓所仰，为用最大，国

墨绘木牛车

汉（前206—220）
牛长29厘米，车长61厘米
武威市凉州区新华乡磨嘴子汉墓出土

家之为强弱也”，牛成为耕地的主要畜力。汉代时出现的牛车，成为古代劳动人民在生活、生产中重要的交通和辎重负载工具。

汉朝建立武威郡之前，北方游牧民族乌孙、大月氏、匈奴先后生活于这一地区。秦汉之际，匈奴冒顿单于赶走了生活在祁连山一带的大月氏，而后匈奴长期占据河西走廊，武威成为匈奴休屠王领地。西汉初期，公元前 121 年，汉武帝派骠骑将军霍去病远征河西，打败了驻守河西的匈奴族首领休屠王和浑邪王，汉廷在匈奴故地设立了河西四郡：武威、张掖、酒泉、敦煌。武威是河西四郡的第一站，其名意为彰显大汉帝国的武功军威。当时的武威郡下辖十县，包括姑臧（今凉州区）、张掖（今张掖）、武威、休屠（石羊河西岸）、揟次（今土门镇）、鸾鸟（今永昌县境内）、朴环（今大靖镇）、媪围（今景泰县芦阳镇）、苍松（今古浪镇）、宣威（金民勤县境内），郡治在姑臧。这一时期，汉王朝在武威设亭筑塞，移民屯田，兴修水利，发展生产，奖励耕织，通货羌胡。据《后汉书》记载：“时天下扰乱，唯河西独安，而姑臧称为富邑。”随着大量移民的到来，中原地区的代田法、牛耕技术也推广至河西地区，在武威出土的牛、牛拉犁、牛车等陪葬品，证明了牛耕的普遍使用。

这件汉代墨绘木牛车出土于武威新华乡磨嘴子汉墓群，为国家一级文物，由牛、车两部分组成，皆为松木质地，牛长 29 厘米，车长 61 厘米。牛是由身、腿、耳、尾、角分别雕刻后粘接而成，全身涂黑色，耳、角及足部略淡，尖直的长角斜向上伸出，小耳两侧平展，四肢直立，尾巴扬起，眼、鼻以白线描摹。形体饱满，躯体健硕，健壮有力。车为松木本色，未作绘饰，木车高轮、辐八根、双长辕，车舆为长方形，左、右、后三面箱板较高，前面较低，以木板作軨和轵，轵板高高耸起，顶部略弧。双辕长出，横木为轭，架于牛颈背间。牛驾于辕中，作拉车状，是一件完整的运输牛车模型。牛车体积较大且形制复杂，制作时分别雕出各部件再嵌合或粘接起来，出土后的牛车仍然保存完好，车轮尚能转动，是目前所知存世最早的牛车实物。这件木牛车，不仅是研究当时社会经济、交通运输的珍贵实物资料，而且对研究古代木雕艺术具有重要的价值。它的样式和造型，为了解研究汉代牛车模式，提供了难得的实物依据。

从雕刻技法来看，牛车整体呈现出一种简洁明快的运刀风格，尤其是对牛的刻画上，工匠大刀阔斧地砍削出牛的轮廓，以高度凝练的线条塑造出牛的姿态和动势，给人以坚实稳重之感。而在车的雕刻上，相对比较细致，车轮规整，车厢左右箱板上缘呈弧线形，前后箱板高低错落，前箱板呈长方形，后箱板上部两角打磨圆润，整个车体美观生动，具有一定的设计感，体现了汉代木雕朴拙简约而又不失真实的美感。

这种畜力载物牛车是当时河西地区特有的高轮车，非常流行。河西地区沙漠和戈壁较多，小轮车易陷，而高轮车在戈壁中行进却相当轻便平稳，不致深陷停滞。虽历经两千多年，这件木牛车使我们对古代牛车的形制和驾辕方式有了直观的认识，也丰富了我们对汉代武威社会面貌和思想文化的认识。

雷台汉墓

河西走廊上的神秘千年古墓

千年雷台，沉默无言；古墓重现，蜚声中外。雷台汉墓是东汉晚期的大型条砖结构墓葬，在考古发掘中，出土了铜、陶、金、铁、骨、玉、石、漆器及古钱币等随葬品，数量颇丰，犹如一座『地下博物馆』。

在武威城北有一座高大的长方形人工夯土古台，高 8.5 米，南北长 106 米，东西宽 60 米，夯土层每层厚 15 至 20 厘米，古台上建有明代庙宇——供奉道教神仙雷祖的雷祖观，故称“雷台”。

1969 年初秋，因特殊原因，武威金羊乡新鲜村村民需要在雷台这里挖一个防空洞。在挖到距地面 9 米深时，发现一处用青砖砌成的墓室，里面整齐地摆放着铜人、铜车、铜马等，所有铜器上都有一层厚厚的绿锈。旁边有一张棺床，里面是两具人骨，在尸骨脚下堆放着几件陶罐。由于缺乏考古常识，混乱中，人们把墓室中的东西装进了麻袋里，用架子车运到大队库房保存了起来。

铜奔马

东汉（25—220）
通高34.5厘米，长45厘米，宽13.1厘米，重7.3千克
武威市凉州区雷台汉墓出土

半个月以后，时在武威文化馆工作的党寿山无意间得知在雷台下面挖出了东西的消息，便急忙赶到新鲜村。进入墓室后，凭着多年文物工作的经验，他马上判断出，这个墓葬规格较高，随葬的文物必然极其重要。在他的一再要求下，村民把他带到了大队库房。当他看到这些铜车、铜马等文物后，既惊喜又担忧。惊喜的是，他从事文物保护工作这么多年，从来没有见过如此情景；担忧的是，这么多文物，村民是否能如数交还，是否还有藏匿隐瞒。他立即将这一情况向上级汇报，并组织人员追讨失散的文物。经过多次动员和耐心解释后，村民纷纷将私藏在家中的文物交还回来。之后，他带领工作人员仔细对文物进行了清点和登记，把它们全部转移到武威文庙暂时保管。第二年，这些文物正式被甘肃省博物馆收藏。

这次意外之举，竟打开了一座蜚声中外的“地下博物馆”。

这是一处东汉晚期的大型条砖结构多室墓，墓门朝东，由长斜坡墓道、甬道、前室（带左右耳室）、中室（带右耳室）和后室组成。墓门及墓室墙壁均以青砖和涂成黑色的砖组成菱形图案，并以红黑色线纹作壁饰。前后室和中室墓顶均为覆斗式，以黑线勾边，用红、黄、灰、白等色绘成莲花图案的藻井，既有驱火避火的寓意，也有祈祷墓主人脚踩莲花升入极乐世界之意。墓室由序列整齐的砖块垒砌而成，砖石之间未用任何粘接剂，全靠力学的作用相互支撑。

经过考古专家仔细清理发现，这座汉墓曾两次被盗，但仍出土了铜、陶、金、铁、骨、玉、石、漆器等随葬品 231 件，以及古钱币 3 万余枚。在前室右耳室中(左耳室空无器物),有铜武士骑马俑17件,轺车等铜车马8辆;前室放置有多件铜车、铜牛、铜俑及举世闻名的铜奔马。中室器物多属生活用具,陶瓮、陶罐等多置于右耳室内;中室二层台的东南角有一陶楼院,二层台东南角和西北角还各有一件铜连枝灯,连枝灯旁的大铜壶内有鸡、羊等残骨,北二层台上放置有方案、圆案、陶灶,以及耳杯、盘、碗、碟、叉等铜食器,其他的甗、洗、釜、熏、灯、熨斗等铜器,则分置东西两侧。后室中,有石刻龟形棺托4个,银印章4枚,玉饰2块,玉带钩1件,残石砚1方,鎏金箭卸器3种、数件,金鐻2件,鎏金耳杯残片数块,雕卧虎形琥珀珠大、中、小7颗,以及铁境、金饰残块、蚌器鎏金饰件、棺钉、残棺等物。墓室中还残存有一些女性饰品,说明该墓葬为夫妻合葬墓。

墓中出土铜器最多,最显眼的是一批形制完整的车马仪仗俑,其中:铜马39匹,铜牛1头,铜车14辆,持矛、戟,钺等兵器的武士俑17个,各种奴婢俑28个。蜚声海内外的国宝铜奔马就是其中最具代表性的一件。马高34.5厘米,长40.5厘米,重7.15千克,后腿右足踩一飞鸟,其他三足腾空,飞奔向前,长尾翘举,昂首嘶鸣,造型奇特,既完美符合力学平衡原理,又以飞鸟衬托出马速度之快,是一件堪称巅峰之作的艺术珍品,曾先后在法、英、瑞典、意、日、美等十多个国家展出,被誉为“天才的中国马”。1983年10月,铜奔马被国家旅游局确定为中国旅游标志,2002年被国家文物局列为首批64件禁止出国(境)展览的文物之一。

墓中没有墓志铭,但在出土的铜车马、人俑及其他陪葬品中发现刻有

铜车马仪仗俑（仿制放大版） 陈天娇／摄

铭文，有 8 件马俑胸前刻有“守左骑千人张掖长张君”“冀张君夫人”“御车奴”“牵马奴”等铭文，12 件人俑后背刻有“张氏奴”“张氏婢”等字样。此外，墓中还出土了字迹严重漫泐不清的银质龟钮印章 4 枚，由于字迹泐损严重，目前依稀可辨的只有其中“□□将军章”“□□□军章”等印文。由此可知，墓主人姓张，是“冀”人，曾担任武威郡左骑千人官兼张掖长，同时还被朝廷封了至少三个“将军”之职。根据这些信息判定，该墓应为一位年俸“二千石”以上的张姓将军夫妻合葬墓。

在这座墓葬旁边还有一座墓葬，被称为 2 号墓。由于该墓葬曾 4 次被盗，墓室内除出土有几枚铜币外，再无一件完整器物，只有一些陶器、铜器、铁器残件。2 号墓形制与 1 号墓类似，由墓道、墓门、甬道、前室、中室、后室组成。墓葬全长 16.42 米，宽 3.62 米，高 3.59 米，墓室面积约 41 平方米。墓门高 1.28 米，甬道长 3.72 米。从墓门到后室西壁全由条砖筑砌，规模比 1 号墓小得多。前、中、后室均无耳室，顶部皆为覆斗顶。被盗

墓道

前各室顶部正中嵌方砖一块，用红、白、黑三色绘莲花藻井。前、中、后室的四壁，都用墨和白粉涂绘几何图案，以折线和条带形为主。

1969 年雷台汉墓现世后，在 1 号墓墓道内发现砖砌水井一口，其砌砖与墓葬砌砖类似，是用典型的汉代古薄砖砌成，砖与砖之间没有使用任何粘合材料。水井距墓道入口 2 米，深 12.8 米，井口直径 0.95 米，井底直径 0.86 米，而井中部的直径达 1.15 米，属于两头小中间大的造型。历经 1000 多年，井壁的砖大部分已经严重风化，只有井底的部分壁砖仍保存良好。

水井贯穿整个夯土层，井口在今雷台之上，底部壁砖以“人字形”砌成。据考证，这口古井到 20 世纪 90 年代中期才逐渐干涸。某次有关专家对古墓做后续考古时，无意中向井内一瞥，发现不知谁向里边扔了一元钱纸币，而神奇的一幕显现在眼前，纸币竟被放大了许多。为了验证这一现象并非偶然，大家反复试验，发现扔下去的纸币无一例外都被放大了，如同用放大镜在看纸币。

到底是什么原因导致的这种神奇效果，众说纷纭，莫衷一是，至今都是未解之谜。

雷台汉墓发现至今，疑团重重，扑朔迷离，为这处古墓增添了更多神秘色彩。雷台汉墓的墓主人究竟是谁？是先有墓后有台，还是先有台后有墓？铜奔马的设计师是谁，其正确称谓是什么？墓葬多次被盗，铜奔马何以能幸免于难？古井为什么会有放大镜的作用？……

至今，这座奢华的“地下博物馆”，在整个河西走廊，乃至甘肃、青海、宁夏、新疆等地所发现的汉代墓葬中，都是规模最大的。或许，在不久的将来，随着新的考古技术的运用和考古成果的发现，雷台之谜终将破解。

梁舒墓表

言简意赅解疑惑

梁舒墓表，国家一级文物，表文共72字，其文字内容虽然简约，却为人们了解十六国时期的官职、书法艺术、丧葬文化等提供了重要的实物资料。

墓表，是古代立在墓前，刻载墓主人生平，表扬其功德的石碑。据《碑版广例》卷九记载："墓表与神道碑异名同物，故墓表之有名者亦多。"墓志，是放在墓里的刻有死者生平事迹的石刻。墓表往往立在墓前或者墓道内，而墓志则是放在墓中。1975年3月，武威出土了一件前秦建元十二年（376）的墓表，是武威市出土石刻中年代最早的，也是唯一一块十六国时期的墓表，是极为罕见的纪年文物。1991年，该墓表被国家文物局文物鉴定专家组评定为国家一级文物。

这件石刻墓表出土于当时武威县城北7.5千米的金沙公社赵家磨村，为灰砂岩石质，上圆下方，高37厘米，宽26.6厘米，厚5厘米，下方底

梁舒墓表

前秦（351—394）
高37厘米，宽26.6厘米，厚5厘米
武威市凉州区金沙乡赵家磨村出土

座为长方形覆莲座，莲花纹饰为浅浮雕，二重尖角莲瓣，座高9厘米，长40厘米，宽18.2厘米。碑额竖篆书“墓表”二字，碑文隶书，自右至左竖刻9行，每行8字，共72字，全文内容如下：“凉故中郎、中督护、公国中尉、晋昌太守、安定郡乌氏县梁舒，字叔仁。夫人故三府录事、掌军中候、京兆宋延女，名华，字成子。以建元十二年十一月卅日，葬城西十七里杨墓东百步，深五丈。”建元是前秦苻坚的年号，前秦于376年8月灭前凉，也就是墓主人在前凉亡国3个月后去世，虽然他生活在前凉时代，但去世时只能使用前秦的年号。这块墓表的表文虽然只有72字，却言简意赅，为我们提供了三个方面的有效信息，具有重要的历史及考古研究价值。

一、墓主人梁舒，安定郡乌氏（今甘肃省平凉市西北）人。乌氏县为西北大族梁氏的郡望，历史上安定乌氏梁姓长期在武威及河西一带为官，在武威拥有相当的势力。东汉时的安定乌氏人梁统，在中原动乱中与窦融及河西诸郡守保境安民，窦融为河西大将军，梁统为武威太守。梁统是一个“为政严猛，威行邻郡”的好官，在他任武威太守时，整个河西及武威一带相对安定，经济发达。前秦中书令梁熙，随前秦军队进入河西走廊。苻坚灭前凉后，以他为凉州刺史，坐镇姑臧（今武威）。梁熙虽是一位儒士，但颇有才干，史称他治凉十年，行清俭之政，“河右安之”。此墓表所载墓主人梁舒，不仅在晋昌任太守，还在前凉朝中担任中郎、中督护、公国中尉的联官。晋昌郡，前凉时是凉州的下属郡，辖境大致在今甘肃省安西县至玉门市一带地区。梁舒的夫人宋子成，是三府录事、掌军中候、京兆宋延的女儿。梁舒与夫人均葬于此地。但史书中对梁舒并无记载，因此这块墓表的发现可补史书记载的不足，墓表中提到的诸多职官名称，也为我们研究古代官职提供了众多的信息资料。

二、对确定姑臧城和“杨墓”的位置提供了重要的依据。姑臧城是匈奴人所建，是武威建城的开端。据墓表记载，前秦梁舒墓“葬城西十七里”，这个位置与墓表的出土地——凉州区金沙乡赵家磨村相一致，而赵家磨村在今武威城西十七里处，表明如今的武威与历史上姑臧城的地理位置基本一致，由此推断，今天的武威就是在姑臧城的位置上扩建和发展起来的。也就是说，历史上的姑臧城，到今天的武威城，其城址一直就在这里。梁舒墓表的出土，为研究武威城的建城史以及城市变迁史提供了第一手资料。

据墓表记载，梁舒墓西“百步”有一座“杨墓”，这座“杨墓”应该是当时名气和规模较大的墓葬，否则梁舒墓不会以此作为重要标志。那么，这座“杨墓”是谁的墓葬呢？武威籍学者、西北师范大学教授李鼎文先生认为：“碑中所谓（杨墓），盖即张骏时任西胡校尉、沙州刺史杨宣之墓。”杨宣，十六国前凉时人，历任敦煌太守，沙州、凉州刺史。《十六国春秋·前凉录》中有这样的记载，建兴二十三年（335），奉前凉王张骏命遣将征讨西域，率众攻龟兹、鄯善，西域皆降，焉耆、车师前部、于阗王并贡方物。又据《五凉大事年表》载，晋永和元年（345）前凉张骏在敦煌置沙州，任杨宣为刺史。杨宣以家粟万斛买石重修郡北干渠、北府渠，造五石斗门，整修后至唐不坏。堰水溉田，受益面积大增。疏浚南水渠，百姓因此改称此渠为阳（杨）开渠。因此，李鼎文先生认为“杨墓”为沙州刺史杨宣之墓。此墓表为这方面的研究提供了极为珍贵的资料。

三、对研究十六国时期的书法艺术提供了重要的实物资料。十六国时期的书法艺术正处于新旧风格交替转换的阶段，楷隶相参是当时的显著风格，但这一时期的书法作品保存下来的很少，梁舒墓表的发现成为我们窥探十六国时期书法艺术的参照物。从墓表上可以看出，这一时期的书法艺术，用笔带有隶书的风采，古拙朴实，但字形已趋近楷书，结构稳定。书法字体从方折顿挫的汉隶，逐渐被圆熟、古朴的新隶体所代替。

前秦梁舒墓表是迄今为止自铭墓表石刻中年代最早的墓表石刻，也是研究古代职官、城市变迁、书法艺术、丧葬仪式等方面难得的实物资料。

凉造新泉

扑朔迷离的稀有货币

存世稀少的凉造新泉，是中国古代钱币中十分罕见的种类，被钱币专家称作『中国古代钱币宝库里的一颗明珠』。其作为『五凉』时期重要的历史文化遗存，承载着深厚的历史文化内涵和时代价值。

中国是世界上最早使用货币的国家之一，使用货币的历史长达五千年之久。纵观中国各个历史时期，货币各有不同，但每一时期的货币都承载着当时的政治、经济、社会生活等信息。在武威市内一条步行街上，有一件供人观赏的大铜钱艺术品，名字叫作“凉造新泉”，它的直径有 2.4 米。当然，这枚“凉造新泉”是放大了一百多倍的观赏艺术品，它的原型是武威市博物馆收藏的国家一级文物——凉造新泉。

武威市博物馆收藏有 22 枚凉造新泉，这些铜钱均出土于武威当地窖藏。1984 年 3 月，武威市东关修地下水道时，在地下两米处出土了一罐古钱，有秦汉半两、两汉五铢、王莽货泉等，其中有 3 枚凉造新泉。1989 年 8 月，武威市宏寺村发现一处窖藏，出土各类古钱币 18000 余枚，其中凉造新泉 8 枚。1990 年 4 月，武威市红星村又发现一处窖藏钱币，14000 余枚，其中凉造新泉 10 枚。除此之外，全国各地很少见到凉造新泉，只是在内蒙古、敦煌等地有零星发现。据粗略统计，迄今为止有记载的出土发现及馆藏凉造新泉约 50 余枚。

目前发现的凉造新泉，币形薄小，钱文“凉造新泉”四字为篆书，书法古朴端庄，字体瘦小端正，疏密匀称，字形方正规矩，有王莽货泉钱文之风韵；币背无文。依据其尺寸和重量主要有三类，钱径 1.3、1.5、2.1 厘米，穿径 0.5、0.6、0.65 厘米，重 1.5、1.8、1.9 克不等；外形上，分别是有内外郭、有内郭无外郭及内外郭皆无；钱文有对读、直读两种。钱文“凉造新泉”，“凉”可以理解成凉州或国号“凉”；“造”即铸造的意思；“泉”指钱币，寓意钱币像泉水一样流通不息，因此古人将钱币称作“泉”。

对于凉造新泉的铸造年代，史书上并没有明确的记载，因此其铸造年代和铸造者一直悬而未决。从钱文“凉造”二字，以及其大都出土于武威来看，凉造新泉应该是在凉州当地铸造发行的。魏黄初元年（220），魏文帝曹丕置凉州，以姑臧（今武威）为州治，这是今武威被称为凉州的开始。由此推断，凉造新泉的铸造年代应该在公元 220 年之后。

西晋后期，由于八王之乱，整个中原陷入战乱，各地豪强纷纷建立割据政权。当时的凉州亦有割据政权更迭，分别是前凉、后凉，后凉分裂出

凉造新泉

东晋（317—420）
钱径1.3～2.1厘米，穿径0.5～0.65厘米
武威市凉州区西营镇宏寺村出土

来南凉、北凉，北凉又分裂出了西凉。除过西凉是在敦煌、酒泉定都之外，其余“四凉”都在今武威，即当时的凉州定都。“五凉”政权统辖河西地区长达 140 多年，其时社会相对稳定，经济发展，中原人士日月相继避难河西。当时流传着一首歌谣：“秦川中，血没腕，唯有凉州倚柱观。”凉州成为偏安一隅的“安乐土”和“避难所”，中原诸多世家大族迁至此地

避难，儒家文化在这里得以保存和延续。

西晋初年，河西地区的商品货币经济已极度萧条。公元 301 年，张轨担任凉州刺史，采取了一系列措施，使凉州的经济状况和社会秩序初步恢复，因此扩大商业贸易、恢复货币经济成为当务之急。建兴元年（313）太府参军索辅向张轨建议铸五铢钱以畅通贸易，张轨遂采纳这一建议，下令在河西区域内恢复五铢钱的流通。八王之乱时期，张轨割据凉州，他平定内乱，选拔贤才，振兴文教，安置流民，劝课农桑，发展经济，取得了卓有成效的实绩，是前凉政权的开创者和奠基人。“五凉”政权中，前凉立国时间最长，从公元 318 年到 376 年，成为五个凉国中最突出的一个。因此，学者们普遍认为，前凉时有铸造发行货币的实力和需求，认为“凉造新泉”为前凉统治者所铸造发行的货币。

当然，也有学者持不同的观点。一些学者认为，凉造新泉是王莽时期割据凉州的窦融所铸造的；也有一些学者认为，凉造新泉是十六国时期北凉的沮渠蒙逊所铸造。

无论凉造新泉为何人所铸，它都是研究我国十六国时期货币及经济的珍贵实物资料，是中国古代钱币中十分罕见的种类，被钱币学家称作“中国古代钱币宝库里的一颗明珠”。凉造新泉的铸造与流通，反映了“五凉”时期河西地区商品经济繁荣发达的景象，使我们看到了中国古代辉煌的文明和经济发展。其不仅仅是一段历史岁月里的货币，更是“五凉”时期重要的历史文化遗存，承载着深厚的历史文化内涵和时代价值。

累丝焊珠空心球饰

『金』妙绝伦的工艺品

累丝，是金属加工的一种技法，其特点是外观玲珑奇巧，艺术效果很强，富于韵味，而且饰品的面积和体积越大，表现出来的效果也越丰富，充分显示出古代工匠高超娴熟的加工技术。

金银器的出现，主要用于社会上层，特别是宫廷和皇族，是特定历史时期里贵族享用的高档物品，象征着地位和财富，其制作工艺与显贵阶层的审美意趣密切相关。

人们到博物馆参观时，常会惊叹于古代金银饰品的结构奇巧、精美绝伦，尤其是各种经过拉丝、编织以及焊接以后制成的累丝工艺品，更是玲珑精致，给人一种华美大气的既视感。透过这些累丝工艺品，使我们可以切实感受到古代显贵阶层生活的富丽气息，以及文化的繁荣兴盛。这件出土于武威凉州区金沙镇赵家磨村魏晋墓中的累丝焊珠空心球饰，就是这样一件精致小巧的黄金工艺饰品，其直径仅 1 厘米，重 1.2 克，用金丝线累

累丝焊珠空心球饰

魏晋（220—420）
直径1厘米，重1.2克
武威市凉州区金沙镇赵家磨村出土

编成空心球状，丝线表面布满了细小的焊珠，所用工艺是中华传统金属工艺中最为精巧的累丝金工。

累丝，是金属加工的一种技法。金银的质地柔软，具有非常好的延展性，经过塑性加工，可抽拉成又细又长的金属丝，工匠把金属丝编织成辫股状或丝网状，形成流畅的花纹造型，再经焊接、抛光制成累丝饰品。其特点是，外观玲珑奇巧，艺术效果很强，富于韵味，而且饰品的面积和体积越大，表现出来的效果也越丰富，充分显示出古代工匠高超娴熟的加工技术。

而立体的累丝制品，还要经过“堆灰”工序，这一工序是累丝工艺最高的技法。先用硬木烧制成炭，这样研磨的炭末才能保有一定的强韧度，然后用白及草泡制成的黏合剂与炭末搅拌均匀，制成各种模具。之后，用金银丝在模具上编织塑形，再进行雕镂、焊接等，最后用火烧，使模具化为灰烬，只剩下立体中空的金银制品。其制作过程不但极尽功力，制品也更富于变化，具有起伏呼应、玲珑剔透的视觉效果，视觉呈现异常高雅，艺术形象生动逼真。

武威市博物馆收藏的这件累丝焊珠空心球饰，为我们研究魏晋时期的黄金工艺饰品提供了珍贵的实物资料，也让我们深刻感受到这一时期金银饰品巧夺天工的技艺。

八鸟朝阳彩绘画像砖

『永生光明』的向往

乌，在古代神话传说中被赋予太阳神鸟的寓意，以至后世均以其为『日』的代表。这件画像砖中的『乌』，继承了汉代画像的题材，并突破了传统『日轮』的表达形式，用莲瓣及飞鸟将画面交融在一起，动式和气韵极为突出。

这件彩绘画像砖虽历经千余年，除一角略微磕缺，边缘彩绘有失外，仍然鲜艳美丽，引人遐想。画面正中圆圈内绘红唇黑身飞鸟，周边绘红白相间的尖角莲瓣八枚，莲瓣间绘八只大羽飞鸟，朝中心飞翔，图案空白处填饰梅花。画像砖以白色为底，墨线勾勒边框，部分填彩，色彩鲜艳，构图巧妙，技艺娴熟，运笔如飞，一气呵成，给人以强烈的视觉冲击和心理震撼。因没有其他相辅的文物帮助断代，从内容和风格上来看，确定其时代在魏晋时期。

魏晋南北朝时期虽然是中国历史上一个由统一到分裂的混乱时期，但却是上承秦汉、下启隋唐的极为重要的时代。

八鸟朝阳彩绘画像砖

魏晋（220—420）
长38厘米，宽35厘米，厚5厘米
征集

自西汉以来，河西地区就凭借得天独厚的自然条件，在中央政权的经营下，大规模施行移民实边、设郡置县、开渠屯田等战略措施，社会生产生活安定富足。至魏晋之际，中原皇权荡灭，“五胡”内迁，偏安一隅的凉州秉承汉地儒学传统，与少数民族诸部共同谋求发展之路，特别是地理上具备衔接东西的优势，为民族文化、地域文化的交流、互补与融合创造了条件，也造就了这一时期奇迹般发达的文化艺术。

这件画像砖就有这样的魏晋风骨。画面中，最醒目和耀眼的不外乎中间圆圈中的飞鸟和圆圈外的八朵莲瓣，直观反映出民族文化、地域文化的交流、互补与融合。《山海经・大荒东经》中记载：“汤谷上有扶木，一日方至，一日方出，皆载于乌。”于是“乌”这一形象被赋予太阳神鸟的神话寓意，以至后世均以其为“日”的代表。太阳与鸟本来风马牛不相及，可是在世界上许多民族神话传说中鸟与太阳的关系十分密切。古埃及人认为“太阳最初是靠鹰运行的，鹰又是太阳神的化身，太阳神的形象是圆太阳两侧长着鸟翼”；北美印第安阿兹特克人的神灵“那蒂乌日”的形象是由羽毛和蛇构成的，羽毛代表太阳，蛇代表大地，天地结合才养育了印第安人；玛雅人认为“日神是一只乌鸦变的”。

古人在原始逻辑思维固有的规律下，常常将表面相似而实质上并无内在关系的事物联系在一起，认为其中有内在的联系。太阳在太空运行晨现暮落，鸟在空中飞翔早出晚归，两者表面上的相似之处引起了古人的思考，他们便认定两者有着内在的关联。随着对“太阳黑气”“太阳黑子”等现象的观测和积累，便将火红的太阳与黑色的“乌”联系在一起，进而固化成这一认识，便有了“阳乌载日”这一文化现象。至汉代，更是将这一形象进化为“三足乌”，并且取代了“三青鸟”的位置，成为更广泛、更普遍的祥瑞代表。而在传统儒家文化中，“乌”被人们看重的一个主要原因是，传说其知道反哺父母。反哺父母就是报答父母养育之恩的行为，这恰好是儒家极力倡导的有利于家庭、社会稳定的孝道的主要内容。

这件画像砖中的“乌”，继承了汉代画像的题材，并突破了传统“日轮”的表达形式，用莲瓣及飞鸟将画面交融在一起，动式和气韵极为突出。

中国运用莲花图案进行装饰，有着悠久的历史。莲在我国出土文物中至少已有 7000 多年的历史，在我国古代的文献记载中，也至少有 3000 多年的历史了，其不是因佛教在中国的兴起而从印度传来的，只是佛教的兴盛促使了莲花在装饰艺术中的地位日益提升，并在魏晋南北朝时期达到了极盛。而这件画像砖中所绘的莲瓣，构图风格简明，线条敦实却又敢于延伸，明显是在继承了西域传统艺术的基础上，又融入佛教莲花装饰的艺术特色，进行了融汇创新，使莲文化具有了新的艺术色彩。

有学者研究后认为，莲花装饰图案，除了“用厌火祥”寓意人们避免火灾发生的愿望，更多的则是随着佛教的传播，象征净土光明的世界，隐喻太阳。结合画面中心的“乌”，这件画像砖应是魏晋墓葬中悬于顶部藻井中的一块，象征着逝者可以进入美好的天国世界，表达追求永生、羽化升仙的美好愿望。

武威天梯山石窟

我国佛教艺术『凉州模式』的代表

天梯山石窟开凿于北凉沮渠蒙逊时期，是河西地区开凿最早的石窟寺之一。后经过历代开凿，形成了规模可观的石窟群，对研究我国石窟寺建筑和石窟艺术的渊源具有重要意义。

天梯山石窟，位于武威城南60公里处黄羊河畔的天梯山北麓。天梯山之巅白雪皑皑，如云如练，“天梯古雪”是著名的凉州城外八景之一，山下盆地绿水环绕，曲折如带，景色十分宜人。清代武威诗人张玿美《天梯山》诗云：“漠漠青冥不可梯，梯山高出辟层蹊。朝天有路风云合，隐雾何人竹石栖。玉塞万年凭作障，泉源六出各成溪。振衣千仞曾寻梦，一览晴川绿树底。”

自汉武帝开通丝绸之路，古印度的佛教通过西域逐渐传入河西地区，再由河西传入中原。地处河西走廊东端的凉州，作为重要的都会，经济繁荣、社会安定，为佛教的传入提供了理想的土壤。“五凉”时期，各政权统治者崇信佛教，凉州佛事空前兴盛，开坛讲经、翻译著述，开窟造像、兴建寺塔，凉州成为佛教东渐的重要地区，也孕育了我国早期石窟的优秀代表——天梯山石窟，形成了以天梯山石窟为代表的佛教艺术史上著名的“凉州模式”，对我国石窟寺发展，乃至整个佛教艺术的发展都产生了深远的影响。天梯山石窟历经北凉、北魏、北周、隋、唐、西夏、元、明、清的开窟或重修，在各历史时期都留下了诸多艺术珍品。2001 年 6 月，天梯山石窟被国务院列为第五批全国重点文物保护单位。

所谓石窟寺，是指在山崖间开凿出来的佛教寺庙。作为连接西域与中原的重要通道，十六国时期，以北凉国都凉州为中心，兴起了河西地区早期石窟艺术的浪潮。据《魏书》记载：“凉州自张轨后，世信佛教。”在统治者的积极扶持与大力倡导之下，凉州很快成为中国北方最主要的佛教传播中心，不仅表现在许多著名高僧在此长期驻锡，大开译场、广译佛经，还表现在佛寺的兴建、石窟的开凿和石塔的雕造等方面。天梯山石窟开凿于北凉沮渠蒙逊时期，是河西地区开凿最早的石窟寺之一。

公元 412 年，匈奴支裔卢水胡酋豪沮渠蒙逊迁都姑臧（今武威），从此开始了北凉的封建王权时代。沮渠蒙逊“亦好佛法”，是“五凉”统治者中最信奉佛教的一位，与著名僧人昙无谶关系密切。《十六国春秋 · 北凉录》载：“先是蒙逊王有凉土，专弘事佛，于凉州南百里崖中大造形像，千变万化，惊人眩目。有土圣僧，可如人等，常自经行，无时暂舍，遥见则行，人至便止。观其面貌，状如其中泥塑形象，人咸异之，乃罗土于地，

天梯山石窟第 13 窟

后往看之，足迹隐隐，今见如此。”《法苑珠林》中亦有“北凉河西王蒙逊，为母造丈六石像在于山寺，素所敬重”的记载。

经过历代开凿，天梯山石窟形成了规模可观的石窟群，据明代《重修凉州广善寺碑铭》中记载，正统十三年（1448），“诸佛之龛二十有六”，即有石窟26个。时至今日，留存石窟18个，其中，北凉开凿的石窟5个，北魏开凿的石窟4个，唐代开凿的石窟3个，其余6个石窟开凿时代不明。天梯山石窟之所以减少，这与其恰巧处在西海固地震带上有很大的关系。《武威县志》中记载，沮渠蒙逊开凿凉州石窟后，从北魏宣武帝景明四年（503）起至清乾隆四年（1739），武威县发生过7次大的地震，特别是1927年的“古浪大地震”更是将原本已开始衰危的石窟几近震毁。

1959年，为解决黄羊河下游一带10余万亩良田的灌溉和生活用水问题，水利专家选址在天梯山石窟前的黄羊河处修建黄羊河水库。据当时水库工程处计算，水库建成蓄水后，最高水位当为海拔2049米，而天梯山石窟群的海拔在2032

北凉菩萨像壁画

北凉（397—439）
高107厘米，宽64厘米
武威天梯山石窟第四窟

至 2064 米之间，这就意味着石窟群下层石窟将被全部淹没，上层石窟也存在因环境变化，特别是崖体被浸泡，有变疏松而坍塌的风险。为拯救这一文化瑰宝，经报请文化部文物局批准，采取详细勘察清理后进行整体搬迁保护的方案，这是继山西永乐宫整体搬迁保护以后，石窟寺文物保护采取整体搬迁的第一次实践。整个搬迁工作，由敦煌文物研究所所长常书鸿先生任队长，甘肃省博物馆副馆长吴怡如先生任副队长，共 25 名专业技术人员，历时半年多的艰苦奋斗，从 1959 年 11 月开始至 1960 年 4 月，完成了勘察测绘、摄影临摹、清理发掘、剥取加固、包装搬运等主要工作，共计 30 余身塑像、300 余平方米壁画及 25 箱文物残片，运回甘肃省博物馆保存。

这次勘察和搬迁，是我国石窟寺考古史上的一件大事，特别是在工作的过程中发现和剥离出的北凉壁画，以及 5 个大型洞窟遗迹，不仅证实了天梯山石窟确实就是史书上记载的凉州石窟，同时也说明天梯山石窟的艺术应该直接来源于古印度，反映了佛教传入我国初期的历史状况，在中国早期佛教传播史上占有重要地位，对研究我国石窟寺建筑和石窟艺术的渊源具有重要意义，提供了珍贵的断代标尺。

其实为确定天梯山石窟就是凉州石窟，前人为此做了不少有益工作。20 世纪 40 年代初，向达先生实地考察提出了凉州石窟的重要性以及其对后代石窟造像的影响。1952 年，甘肃著名学者冯国瑞先生对天梯山石窟进行考察，提出天梯山石窟即为历史上著名的凉州石窟的观点，考察成果见《记武威境北凉创始石窟及西夏文草书墨迹和各种刻本》一文。1954 年，美术史学家史岩对天梯山石窟进行详细勘察，并发表题为《凉州天梯山石窟的现存状况和保存问题》的勘察报告，认为天梯山为蒙逊凉州石窟，但蒙逊窟已不存，可能毁于地震。

直到 1986 年，宿白先生在《考古学报》第 4 期发表了《凉州石窟遗迹和“凉州模式”》一文，对凉州石窟产生的历史背景、河西发现的北凉石塔，以及与天梯山北凉时期的中心柱窟等的基本特征做了综合研究和比较，“凉州模式”才清晰起来。

宿白先生在综合武威天梯山石窟第 1 窟、第 4 窟，酒泉、敦煌、吐鲁番发现的北凉石塔，以及肃南金塔寺、酒泉文殊山前山石窟等考古资料的基础上，认为在新疆以东地区存在一种早期佛教造像模式，其内容主要包括 5 项：

1. 有设置大像的佛殿窟，较多的是方形或长方形平面的塔庙窟。塔庙窟内的中心塔柱，每层上宽下窄，有的方形塔庙窟还设有前室，如酒泉文殊山前山千佛洞之例。

2. 主要佛像有释迦、交脚菩萨装的弥勒，其次有佛装弥勒、思惟菩萨，以及酒泉文殊山前山千佛洞出现的成组的十佛（十方佛）、阿弥陀三尊。以上诸像，除成组的十佛为立像外，皆是坐佛。

3. 窟壁主要画千佛。酒泉文殊山前山千佛洞中现说法图、左壁说法图的主像是阿弥陀三尊，壁下部出现了供养人行列。

4. 边饰花纹有两方连续式的化生忍冬。

天梯山石窟塑像

5. 佛和菩萨的面相浑圆，眼多细长型，深目高鼻，身躯健壮。菩萨、飞天姿态多样，造型生动。飞天形体较大。

比较遗憾的是，天梯山石窟内并未发现较完整的北凉塑像，但这也让原本珍贵的北凉壁画显得更加熠熠生辉。

天梯山石窟发现的北凉壁画，无论是飞天还是菩萨，其衣着形象、神韵动式，乃至绘画的晕染方法，都与古印度佛教艺术有很大的相似之处，皆用土红色作底色，然后再在土红的底色上面敷彩作画，别具一格。我们可以大胆猜测，如若这不是古印度匠师直接参与绘制的，也是凉州工匠完全采用了古印度的粉本。

粟特人墓志

丝路来客在凉州

粟特人以善于经商著称，且精通多国语言，长期活跃于河西走廊。古凉州作为河西走廊上的大都会，自古以来就是多民族聚集的地区，早在南北朝时期，这里就有粟特人建立的移民聚落。他们见证了多元文化的交流与融合，在东西方文明之间架起了一座沟通的桥梁。

粟特族，是公元 3 世纪到 8 世纪生活在中亚阿姆河和锡尔河之间的古老民族，其主要活动范围在今乌兹别克斯坦，还有大部分在塔吉克斯坦和吉尔吉斯斯坦。他们本是月氏人，旧居祁连山北的昭武城（今甘肃临泽），后因城被匈奴所破，被迫西逾葱岭，支庶各分王。粟特人以善于经商著称，且精通多国语言，长期活跃于河西走廊，因其旧居昭武城，便以昭武为氏，有康、安、史、米、曹、石、何、火寻、戊地九姓，故称昭武九姓。

古凉州（今武威）作为河西走廊上的大都会，也是古丝绸之路上重要的政治、经济、文化中心，自古以来就是多民族聚集的地区，早在南北朝时期，这里就有粟特人建立的移民聚落。中唐时期粟特人的活动达到顶峰，促进了欧亚内陆的多边贸易，并且入华粟特人也越来越多地参与到政治活动中，继而成为一支不可忽视的政治力量。浙江大学历史系教授冯培红先生经过细致的考究后，认定古凉州就是粟特人入华后的主要定居点：“武威是河西走廊乃至中国境内最大的粟特人定居点，唐代安氏、石氏、曹氏、康氏等在此形成郡望，在政治、经济、文化等方面都产生了重要影响，撑起了中古武威的半边天。”粟特人在东西方文化交流方面起了重要作用，祆教、摩尼教以及中亚音乐、舞蹈、历法等传入中原，中国的丝绸、造纸技术等传到西方，粟特人都是重要的媒介。武威曾出土了多合粟特人墓志，武威市博物馆收藏有三合，分别是康君墓志、曹庆珍墓志和翟舍集墓志。

20 世纪 30 年代，武威城东出土了一合墓志，由志盖和志底两部分组成，灰砂砾石质，志盖上书四个大字“康君墓志”，志底铭文题曰《大唐上仪同故康莫覃息阿达墓志铭》，志文共 13 行，满行 17 字，共 195 字。

据墓志记载，墓主人康阿达，西域康国人，是昭武九姓之一。曾担任大唐上仪同，诏赠武威太守。父康莫覃为唐之仪同，祖康拔达，梁使持节，骠骑大将军，开府仪同三司，凉、甘、瓜三州诸军事，凉州萨宝。在唐代，经商的昭武九姓胡人有一定的特殊身份或社会地位，不时为一些国家承担外交使命，担任“萨宝”官职。萨宝又叫萨甫、萨簿、萨保，是粟特商队的首领，也是粟特人在新疆、河西走廊、青海、西安、洛阳、大同等地形成的粟特聚落中的政教首领。自东汉末，特别是北朝、隋、唐时期的中央和地方政府为了控制或利用这些粟特胡商，把粟特商队内部形成的“萨宝”

康君墓志

唐（618—907）
武威市凉州区城东出土

纳入了中国传统的官僚体制，其目的是控制胡人聚落，管理聚落行政和宗教事务。萨宝为一级职官，是视流外官，起初专门授予胡人首领，在都城和州县设有萨宝府，一般内有萨宝府袄正、萨宝府袄祝、萨宝府长史、萨宝府果毅、萨宝府率、萨宝府史等官吏。现存史籍和出土的粟特胡商墓志都记载有一些粟特胡商首领被任命为“萨宝”。当时，凉州作为粟特胡商的大本营，聚居着大量的粟特人，在中原王朝对河西走廊控制力减弱时，他们便成为河西地区的真正管理者；中原王朝强势时，他们则是地方政权仰仗的一支重要力量。由此可知，康阿达祖父康拔达作为来华贸易的粟特商人，不仅具有雄厚的经济基础，而且还拥有强大的军事力量。

唐代的凉州是一个经济文化交流的大都会和商品贸易的集散地，西域胡商在这里活动频繁。这合墓志是河西地区最早出土的粟特康氏墓志，是研究唐朝与西域诸国关系，以及武威康姓和粟特胡商源流的重要资料。

1977年，武威城南枣园村出土了一合墓志，由志盖和志底两部分组成，灰砂砾石质。志盖竖长方形，上端呈半圆形，有龟趺座，阴刻楷书2行6字“曹府君之墓志”。志底阴刻楷书23行，满行23字，记载了隋唐时期武威曹达、曹浑、曹庆珍祖孙三代的基本情况，尤其详细介绍了墓主人曹庆珍的赫赫战功。

志文首先介绍了墓主人的名讳和祖籍，“君讳庆珍，字元玚，沛国谯人”。接着记述了曹庆珍先祖曹晃的经历，“十四世祖晃，汉大中大夫、镇西大将军、凉州刺史。遭吕禄之乱，因居凉州姑臧县焉。君其后也”。也就是说，

曹庆珍墓志

唐（618—907）

武威市凉州区城南枣园村出土

曹庆珍的先祖从汉代起就居住在凉州。墓志记载，曹庆珍的祖父曹达，北周时任甘州西安县令；父曹浑于建德四年（575）出任大都督、黄石镇将，守卫边疆，关河平安，后战死沙场，英勇殉国。

父亲去世时，曹庆珍只有18岁。墓志记载，曹庆珍“生居戎马之间，长习韬奇之略”，年轻时就有文韬武略。当时，曹庆珍的主要任务是读书。但父亲死后他投笔从戎，开始了轰轰烈烈的戎马生涯。曹庆珍弃文从武之后，先后在北周任重要官职。隋朝时，曹庆珍升任武威郡燕山府（焉支山一带）鹰击郎将。之后，率军在莎车、蒲海等西域丝路南道作战，他开疆拓土，征战万里，为隋朝控制西域立下了汗马功劳。隋亡之后，生活在唐朝的曹庆珍，虽年逾古稀，仍老当益壮，墓志载“方愿申威葱岭，宣力居延”，意即他将要率军征战遥远的葱岭、居延等地。贞观四年（630）十一月十日曹庆珍去世，享年73岁。贞观五年（631）二月六日葬于武威郡城南。

这合墓志的出土为我们了解周、隋时的西北形势，特别是隋炀帝时代经营西域提供了珍贵资料。

1997年5月，凉州区高坝镇农民在挖水井时，发现了一座唐代砖室墓，经文物部门清理发掘，出土唐三彩60多件，其中包括人物俑、骑士俑、骆驼俑、镇墓兽等。更为珍贵的是，还发现了一合保存完好的墓志，为我们揭开了墓主人传奇的一生。

这合墓志为青石质，正方形，由志盖和志底两部分组成。志盖呈方盝式，正中阴刻篆文“大唐故翟君铭”3行6字，志盖四坡上雕刻十二生肖图案，

翟舍集墓志

唐（618—907）

武威市凉州区高坝镇出土

制作精致。志底为阴刻楷书，记载了墓主人的生平往事。墓主翟舍集，姑臧人，“大唐上柱国”。上柱国为唐代武官的最高勋级，视为正二品。从墓志可知，其曾祖翟呼末，北周时任内散都督，隋朝时任甘州刺史；祖翟文殊，父翟沙，均为上柱国。翟舍集夫人安氏，是凉国公安兴贵的孙女，安氏祖、父皆因军功显于唐代，地位很高。翟氏及安氏均为唐代武威名门望族，具有举足轻重的社会影响力。

翟舍集和夫人安氏都是粟特人，他们长期生活在武威。志文中，翟舍集的籍贯已不是遥远的西域，而是姑臧。其墓葬形制和随葬墓志等葬俗，也与汉族无异，这不仅说明了唐朝的包容与开放，更说明粟特人对汉族文化及生活方式的认同，以及把武威作为自己“第二故乡”的归属感。

除了武威，丝绸之路上还发现了数量众多的粟特人遗存，如宁夏固原的隋唐史国墓地、太原的隋虞弘墓、西安北周的安伽墓等，粟特人见证了多元文化的交流与融合，在东西方文明之间架起了一座沟通的桥梁。

阮咸琵琶

胡人半解弹琵琶

阮咸琵琶，也称月琴，是由秦琵琶演变而成，拥有较长的琴柄，同时具有音柱，整个琵琶重量较轻，演奏过程中较为轻便灵活。其命名来源于魏晋时期竹林七贤之一的阮咸，他不仅精通音律，十分痴迷琵琶，还擅长对琵琶进行改造和改良。

琵琶又称“批把”，是古代的一种拨弦民族乐器，在中国的发展历史十分久远。琵琶最早见于史册是汉代刘熙的《释名·释乐器》：“批把本出于胡中，马上所鼓也。推手前曰批，引手却曰把，象其鼓时，因以为名也。”意思是它是骑在马上弹奏的乐器，向前弹出称作批，向后挑进称作把，根据其演奏的特点而命名为“批把”。在古代，敲、击、弹、奏都称为鼓。当时的胡人骑在马上好弹琵琶，因此为“马上所鼓也”。大约至魏晋时期，正式称为“琵琶”。按照不同的形制，琵琶分为曲项琵琶和直项琵琶。

曲项琵琶又称龟兹琵琶，也被称为胡琵琶、胡琴，因其琴柄呈现出一定的弯曲角度而被称作曲项琵琶。其具有梨形的结构轮廓，在演奏中需要借助拨片来完成，而演奏方式则是横抱。曲项琵琶在南北朝时期传入我国，盛行于隋、唐、五代时期，是唐代坐部伎中必不可少的一种乐器。曲项琵琶音域宽广，音色优美，对盛唐歌舞艺术的发展起了重要作用。

直项琵琶源自秦汉时期的“弦鼗”，《新唐书·礼乐志十》载：“琵琶圆体修颈而小，号曰‘秦汉子’，盖弦鼗之遗制，出于胡中，传为秦汉所作。”在其发展的历程中通过不断引入全新的元素而逐步演进，最终形成“秦琵琶”“秦汉子”。阮咸琵琶，也称月琴，是由秦琵琶演变而成。阮咸琵琶拥有较长的琴柄，同时具有音柱，整个琵琶重量较轻，演奏过程中较为轻便灵活。其命名来源于魏晋时期竹林七贤之一的阮咸，他精通音律，十分痴迷琵琶，一方面擅长琵琶的演奏和乐曲的创作，另一方面还擅长对琵琶进行改造和改良。到武则天时期，正式将阮咸琵琶命名为阮咸，并且一直沿用至今，就是今天的乐器阮。

唐代时，琵琶成为当时非常流行的乐器，上至宫廷皇家乐队，下至民间演唱都少不了琵琶，而且在乐队处于领奏地位。但是唐代的琵琶保存下来的很少，迄今为止国内唯一的一件阮咸琵琶，是在武威吐谷浑王族墓葬中发现的。

1980 年 7 月，武威市文物管理委员会在城南 15 公里处的南营乡青嘴湾清理唐代的几座墓葬时，在大唐故武氏夫人墓中发现了一件乐器。因墓葬塌陷严重，经雨水冲击，大部分文物已残损，这件乐器也因墓室填土的挤压，以及长期处于潮湿的环境中，音箱已残损，只留存了琴柄。经专家

阮咸琵琶

唐（618—907）
残长28.5厘米
武威市凉州区青嘴喇嘛湾武氏墓出土

鉴定，确定它为阮咸琵琶，被评定为国家一级文物。

这件阮咸琵琶为硬木削制而成，琴柄呈四棱亚腰形，正面削挖弦槽；琴颈为半圆柱形。残长 28.5 厘米，其中柄头长 14.3 厘米、柄杆长 12.2 厘米；与音箱衔接处有榫，长 2 厘米。4 根弦轴为螺旋式，长 7.2 厘米，上弦的一头钻小孔，柄头开有轴槽，用以拴弦。琴柄通体镶嵌错落有致的骨制六瓣梅花，柄头两侧各镶嵌 7 朵，大小相间，互相对称，前后各嵌 15 朵；柄杆前面嵌大梅花 3 朵，后嵌小梅花 7 朵，左右两侧各嵌大小交错 5 朵梅花。部分梅花脱落，只剩浅槽，保存完整的有 22 朵。

发现阮咸琵琶的这处墓葬，墓主人为“则天大圣皇后之侄孙女”武氏夫人，太原人。墓志载，其去世后“琴瑟怆断，馆舍悲凉，红闺阒其遂空，翠羽惨其无色”。不仅描述了武氏夫人死后悲惨凄凉的情景，而且据此推测，其生前应该能歌善舞，并擅长乐器，十分喜欢或使用过这件琵琶，死后陪葬在墓室里，永远陪伴着她。墓志又载，其祖武承嗣，为周朝中书令，魏王；父武延寿，皇朝卫尉卿。公元 702 年，19 岁的武氏与唐朔方军节度副使、紫金光禄大夫、行光禄卿、上柱国、五原公燕王慕容曦光成婚。开元二十三年（735）十月二日逝于京兆长安延福里第，终年 33 岁。开元二十四年十月三日迁葬于凉州城南 30 里神鸟县阳晖谷之西原，也就是今天的武威凉州区南营乡青嘴喇嘛湾。

隋唐时期，国家统一，社会安定，经济发达，交通畅通，促进了中原与周边少数民族地区的交流和沟通，无论是在都城长安还是在西域边疆，胡汉杂居，往来密切，平等包容，开放的民族大融合氛围为文化艺术的融合创新提供了便利的条件，音乐、舞蹈、诗词等达到了前所未有的繁荣时期。唐代诗人岑参在《凉州馆中与诸判官夜集》中写道："弯弯月出挂城头，城头月出照凉州。凉州七里十万家，胡人半解弹琵琶。"可见当时的凉州，胡乐琵琶，抑扬顿挫，西凉伎乐，霓裳羽衣……

这件唐代阮咸琵琶，与有关史书记载的唐代乐器相吻合，其用精良的硬木质雕刻，制作精细，样式美观。它虽残损严重，难见全貌，无法复原其真容，但从细节处仍然能看出唐代高超的雕刻艺术和镶嵌工艺水平，反映了当时凉州音乐文化的盛行，为研究我国古代阮咸琵琶的演变，特别是研究唐代中原与吐谷浑之间乐器、音律的交流具有重要的历史价值。

弘化公主墓志

唐朝第一位和亲公主

弘化公主18岁远嫁西域，与吐谷浑首领慕容诺曷钵成婚，使唐廷与吐谷浑的关系得到极大改善，促进了唐与吐谷浑的团结、融合，丰富了人民的物质文化生活，也带来了百余年西北边疆的和平与安定。

提起中国古代的和亲，人们一定会想到“昭君出塞”“文成入藏”等流传甚广的千古佳话。那么，唐代第一位和亲的公主是谁？她有着怎样传奇的一生？这还得从武威出土的一合墓志说起。

1915年4月，武威城南15千米处的南营乡青嘴喇嘛湾发现一座唐代墓葬，由墓道、甬道、墓室三部分组成，斜坡式的墓道距地表11米，方向向南160°；甬道呈过洞式，长2.54米，宽1.8米，高1.6米，在墓室南壁中略偏东，甬道用平砖叠砌；墓室呈长方形，东西长4.58米，南北宽4.4米，四壁用长方形条砖砌成，顶已坍塌，封墓砖有六瓣莲花纹饰。因多次被盗，木棺、尸骨被扰乱，只留存下50多件彩绘木俑、木器残件和丝织品残件，

弘化公主墓志

唐（618—907）

边长57厘米，厚6厘米

武威市凉州区青嘴喇嘛湾出土

但最为难得的是，在这座墓葬中出土了一合墓志，为我们揭开了墓主人的身份。

此墓志保存完整，由志盖和志底两部分组成，呈正方形，边长 57 厘米，厚 6 厘米，志盖正中篆书 3 行 9 字，“大周故西平公主墓志”，周围刻以缠枝卷叶花卉图案。志底楷书，文字 25 行，满行 24 字。墓志雕刻精美，字体端庄秀丽，既有盛唐时期楷书的端庄严谨，又有魏墓志铭书体的古朴清丽，展示出盛唐时期高超的雕刻工艺和书法艺术。

众所周知，“大周”是武则天时期的年号。那么，“西平公主”是谁呢?通过志文记述的内容我们了解到，这位公主就是唐代第一位和亲公主——弘化公主。唐高祖武德五年（622），弘化公主出生在唐王朝宗室家庭。她是一位非常美丽的姑娘，加之自幼就受到严格的皇家教育，堪称才貌双全，正如志文中描述的：“诞灵帝女，秀奇质于莲波；诧体王姬，湛清仪于桂魄。”贞观十四年（640），唐廷为了缓和与吐谷浑的关系，18 岁的弘化公主远嫁西域，与吐谷浑首领慕容诺曷钵成婚，过起“有城郭而不居，随逐水草，庐帐为室，以肉酪为粮”的游牧生活。武则天时期，改封西平大长公主并赐姓“武”。据志文记载，弘化公主 76 岁去世，“葬于凉州南阳晖谷冶城之山岗”。

吐谷浑是我国古代少数民族之一，最早发迹于我国东北地区，是辽东慕容鲜卑族的一支，后徙居西北。西晋永嘉之乱时趁机兴起，势力最强大时，曾东抵洮水，西达鄯善，包括今天青海、甘肃、新疆部分地区，领土数千里，

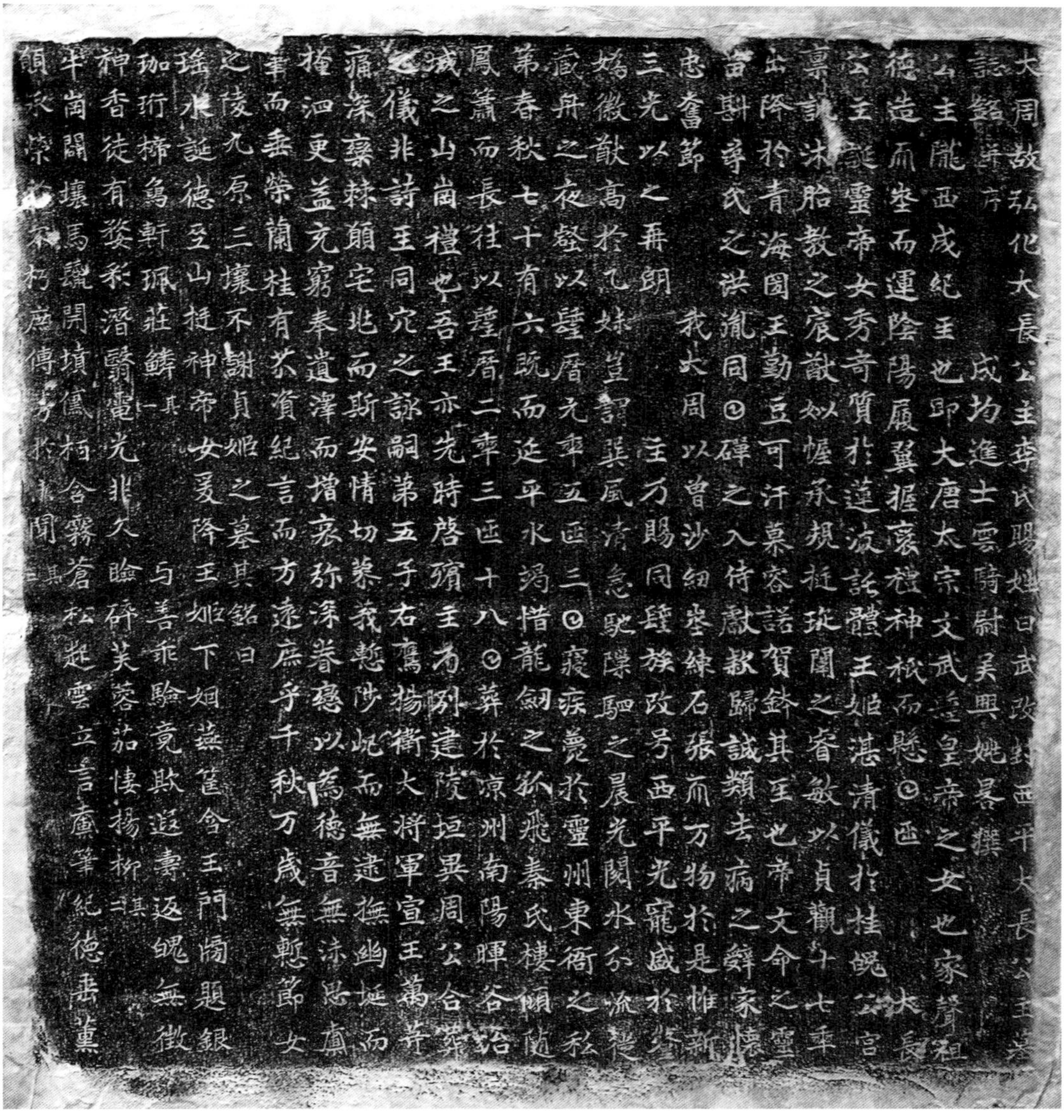

弘化公主墓志铭拓片

存在时间长达350年（313—663）。唐龙朔三年（663）吐谷浑被吐蕃所灭，王室家族徙居凉州、灵州（宁夏灵武）。唐初，横亘在丝绸之路上的吐谷浑联合西突厥，控制西域各小国，频繁侵扰唐朝边境，阻碍唐从河西进入西域的通道，袭击来往商人，阻绝中原与西北边疆政治、经济、文化的联系，也阻碍了唐朝与中东、欧洲各国经济、文化的交流，使丝绸之路不能畅通，唐西部十一州受其害。为了解决这一困境，唐太宗李世民一方面派大将李靖、侯君集等大举兵戎，用武力攻击吐谷浑，迫使其投降；一方面采取和亲政策，团结吐谷浑。据《旧唐书》记载，贞观九年（635），唐太宗封吐谷浑慕容顺光为西平郡王。后慕容顺光为部下所杀，年幼的诺曷钵即位，大臣争权夺利，国中大乱，唐太宗令大将侯君集率兵救援，并遣淮阳王李道民亲自持节册封诺曷钵为河源郡王，授乌地也拔勤豆可汗。诺曷钵十分感激，献牛、羊、马万头。贞观十三年（639），吐谷浑王慕容诺曷钵向唐太宗请婚，次年初，太宗将弘化公主嫁给了他，从此拉开了唐与吐谷浑联姻的序幕。

弘化公主远嫁吐谷浑，使唐廷和吐谷浑的关系得到极大改善，友好往来频繁。太宗时，吐谷浑每年派遣使者向唐王朝朝贡。贞观二十三年（649）六月，高宗李治即位后，拜诺曷钵驸马都尉，封青海王。弘化公主和亲后，作为友好使者往来于唐与吐谷浑之间，促进了唐与吐谷浑人民的友好关系。她用自己一生的无私奉献，完成了家国使命，是和平的使者。在她的努力下，她的两个儿子分别与唐联姻，结成世代亲戚关系。据《新唐书·西域传》载，高宗永徽三年（652）八月，弘化公主表请入朝，高宗遣右骁卫将军鲜于国济迎之；十一月，弘化公主和诺曷钵一起来到长安，为长子苏度模末（慕容忠）请婚，高宗以宗室女金城县主许配为妻，于麟德元年（664）正式完婚，封苏度模末为左威卫大将军，宿卫京师。苏度模末死后，诺曷钵的次子左武卫大将军、梁汉王闼卢模末来唐求婚，高宗把宗室女金明县主许配给了他。此后，吐谷浑连续四代与唐联姻，王族子孙娶唐朝宗室女或外戚女。通过多次联姻和频繁交流，促进了唐与吐谷浑的团结、融合，丰富了人民的物质文化生活，也带来了百余年西北边疆的和平与安定。

武则天圣历元年（698）五月三日，76岁的弘化公主“寝疾于灵州东衙之私第”；圣历二年（699）三月十八日，“葬于凉州南阳晖谷冶城之山岗”。志文赞其一生“同日磾之人侍，献款归诚；类去病之辞家，怀忠奋节……万物于是惟新，三光以之再朗”。就在弘化公主去世的同一天，她的儿子慕容忠也同时去世，终年51岁。母子二人的灵柩于第二年三月运抵凉州，同日葬于今天的青嘴喇嘛湾。墓志载：“西平公主以圣历元年五月三日薨，以二年三月十八日葬，而忠之薨、葬，皆与同日；同日而葬事所恒有，乃母子同日而死，此事之未必有，殊可疑也。”弘化公主母子二人竟然同年同月同日去世，同年同月同日葬，这背后究竟有着怎样的故事，时过境迁，已无从知晓。

弘化公主是唐朝开国以来第一位与少数民族和亲的公主，开辟了唐朝和亲的先河，在中华民族的历史上书写了浓墨重彩的一笔。她与吐谷浑和亲后第二年，吐蕃首领松赞干布遣使求婚，文成公主远嫁西藏，成就了另一段民族团结的佳话。

由于史料缺乏记载，1000 多年来无人知晓在武威南营乡的山岗上，安葬着这样一位伟大的公主以及她的后人。直到 1915 年，弘化公主墓被发现，并陆续在这里发现了吐谷浑的皇室家族墓葬，出土了包括青海国王慕容忠、金城县主、代王慕容明、辅国王慕容宣彻、政乐王慕容宣昌、燕王慕容曦光、李氏、武氏等 9 方墓志。除金城县主和慕容曦光的墓志现存南京博物院，其余墓志均藏于武威市博物馆。墓葬还出土了大批木雕、漆器、丝织品等珍贵文物。这些墓志和文物，是研究唐朝与吐谷浑关系的珍贵资料，也是中华民族团结的历史见证。

武威吐谷浑王族墓志

揭开吐谷浑王族的神秘面纱

从清同治年间至今，在武威出土了包括弘化公主墓志在内的多合吐谷浑王族墓志，这些墓志为我们绘制了一幅吐谷浑王族世系表，对考证吐谷浑起源、发展、衰亡的演化历史，以及唐朝与吐谷浑的关系，提供了珍贵的资料。

2022 年 3 月 31 日，2021 年度全国十大考古新发现最终结果正式揭晓，武威唐代吐谷浑王族墓葬群入选。从 2019 年 10 月发现武威天祝县祁连大墓开始，持续 3 年的考古发掘，考古专家初步探明，武威吐谷浑王族墓葬群分为三大陵区：以慕容智墓为代表的大可汗陵区，以弘化公主墓为代表的阳晖谷陵区，以党氏墓为代表的白杨山陵区。这些墓葬均具有唐代早中期中原地区高等级墓葬的基本特征，以唐代葬制为主，兼有吐谷浑、吐蕃、北方草原等文化因素。

吐谷浑王族墓葬为何集中发现于武威？这还得从吐谷浑的起源说起。

吐谷浑原属辽东鲜卑慕容氏的一支，公元 4 世纪初，吐谷浑部从辽东鲜卑慕容氏分离出来，西迁至现在的内蒙古阴山一带。西晋永嘉末年，又从阴山南下，经陇山，到今甘肃临夏西北。后又向南、向西发展，统治了今甘南、四川西北和青海等地的氐、羌等部落，建立国家。吐谷浑孙叶延时期（329—351），始以祖父吐谷浑之名作姓氏，亦为国号和族名。唐龙朔三年（663），吐谷浑被吐蕃所灭，其王慕容诺曷钵逃到凉州（今武威），率数千帐依附大唐。至此，自西晋永嘉年间建国的吐谷浑宣告灭亡，历时350年。唐高宗时期，于咸亨元年（670）派薛仁贵带兵攻打吐蕃，并试图护送慕容诺曷钵还国，但在大非川（今青海南惠渠切吉旷原）被吐蕃打败，吐谷浑复国的希望破灭。咸亨三年（672），唐廷将诺曷钵迁到鄯州（治今青海乐都）浩门河（今青海大通河）南。但诺曷钵怕吐蕃侵袭，所以唐廷又将他们迁往灵州（治今宁夏吴忠附近），设置安乐州（今宁夏同心一带），在这里安定下来。此后，几代吐谷浑王室成员去世后，陆续将墓葬归迁至今天的武威南营乡青嘴喇嘛湾。

从清同治年间至今，在武威出土了包括弘化公主墓志在内的多合吐谷浑王族墓志，为全国最多，这些墓志为我们考证吐谷浑起源、发展、衰亡的演化历史，以及唐朝与吐谷浑的关系，提供了珍贵的资料。

吐谷浑王族墓葬最早发现于清同治年间（1867—1897），当时受战火影响，武威当地居民在山中挖窑洞避难之时，碰巧挖出了弘化公主墓葬，只见墓室内金碧辉煌，内壁绘满壁画，随葬物品众多，金银珠宝全部被盗。民国四年（1915），弘化公主墓又被当地人掘开，并发现了“大周故西平公主墓志”。这件事被当时的武威知县唐敷熔知道后，吩咐县商会会长贾坛四处寻访，终于将弘化公主墓志追回，保存在武威文庙中。

1927年，武威发生8级大地震，南营乡青嘴喇嘛湾吐谷浑其他墓葬被震塌，两合墓志被发现，一合为“大周故青海王墓志铭”，另一合为“大唐故辅国王墓志铭”。与“大周故西平公主墓志”一样，这两合墓志也为青石质，正方形，志盖盝顶式，四周雕刻卷草纹花叶。人们这才知道，武威南山曾经是唐代吐谷浑王族的先茔之地，而且还葬有国王、王后、公主及多位王爷。

大周故青海王墓志铭，边长60厘米，志底文字23行，满行24字，墓主人为乌地也拔勤豆可汗、驸马都尉、诺曷钵与弘化公主长子慕容忠，18岁授左威卫将军，夫人为大唐金城县主，他继承父位，袭青海国王。墓志中还记载了一件匪夷所思之事，慕容忠与母亲弘化公主同一天去世，同一天下葬，弘化公主“寝疾薨于灵州东衙之私第”，“葬于凉州南阳晖谷冶城之山岗”，即今青嘴喇嘛湾；慕容忠“薨于灵州城南浑牙之私第”，“归葬于凉州城南之山岗”，即今青嘴今喇嘛湾。两地相隔约5公里。是巧合还是另有原因，留给我们了一个不解之谜。

大唐故辅国王墓志铭，镌于唐中宗景龙三年（709）四月，边长55厘米。志盖篆书“大唐故辅国王慕容志”3行9字，四刹镌牡丹花纹；志文19行，满行20字。辅国王慕容宣彻，为青海国王慕容忠与金城县主次子，诺曷钵与弘化公主之孙，册封河东阴山府安乐王，授左领军大将军，跟随兄长慕

大周故青海王墓志盖拓片

大周故青海王墓志铭拓片

大唐故辅国王墓志盖拓片

大唐故辅国王墓志铭拓片

容宣赵治理部落，是唐朝安定西边的屏障。慕容宣彻袭父爵乌地也拔勤豆可汗，去世后赐封辅国王，于唐中宗景龙三年（709），由其子慕容神威“奉于凉州神鸟县界”（今属武威凉州区）吐谷浑王族祖茔。

1945年，考古学家夏鼐先生与北京大学文科研究所研究生阎文儒先生在青嘴喇嘛湾进行考古发掘，发现了金城县主墓与慕容曦光墓，两座墓被一条沟壑隔开，由于地震及盗毁，墓室陈设被扰乱破坏，幸运的是获得了两合墓志“大唐金城县主墓志铭”“大唐慕容府君墓志铭”。夏先生和阎先生于1948年发表了《武威唐代吐谷浑慕容氏墓志》一文。当时，这两座墓中还出土了大量的陶俑、马俑、瓷器、陶器、板画、服饰、皮革、金银器、马鞍、乐器等珍贵文物，墓志和大部分文物均运往南京，今藏南京博物院。

大唐金城县主墓志铭，高37厘米，宽35厘米。志盖篆书“大唐金城县主墓志铭”3行9字，四周镌“子丑寅卯辰巳午未申酉戌亥”十二生肖，四角各镌一花纹图案；志文16行，每行16字。墓志镌于唐玄宗开元七年（719），金城县主与其夫慕容忠合葬之时。据墓志记载，金城县主名李季英，陇西人，为李唐宗室、交州大都督、会稽郡王李道恩第三女，嫁与诺曷钵长子、青海国王慕容忠。永徽三年（652），高宗赐婚金城县主嫁给慕容忠，她在吐谷浑50多年，上为朝廷安抚边疆，下为民族团结尽心竭力。金城县主于唐玄宗开元六年（718）去世，次年八月十七日与其夫慕容忠“合葬于凉州南阳晖谷北岗”。

大唐金城县主墓志盖拓片

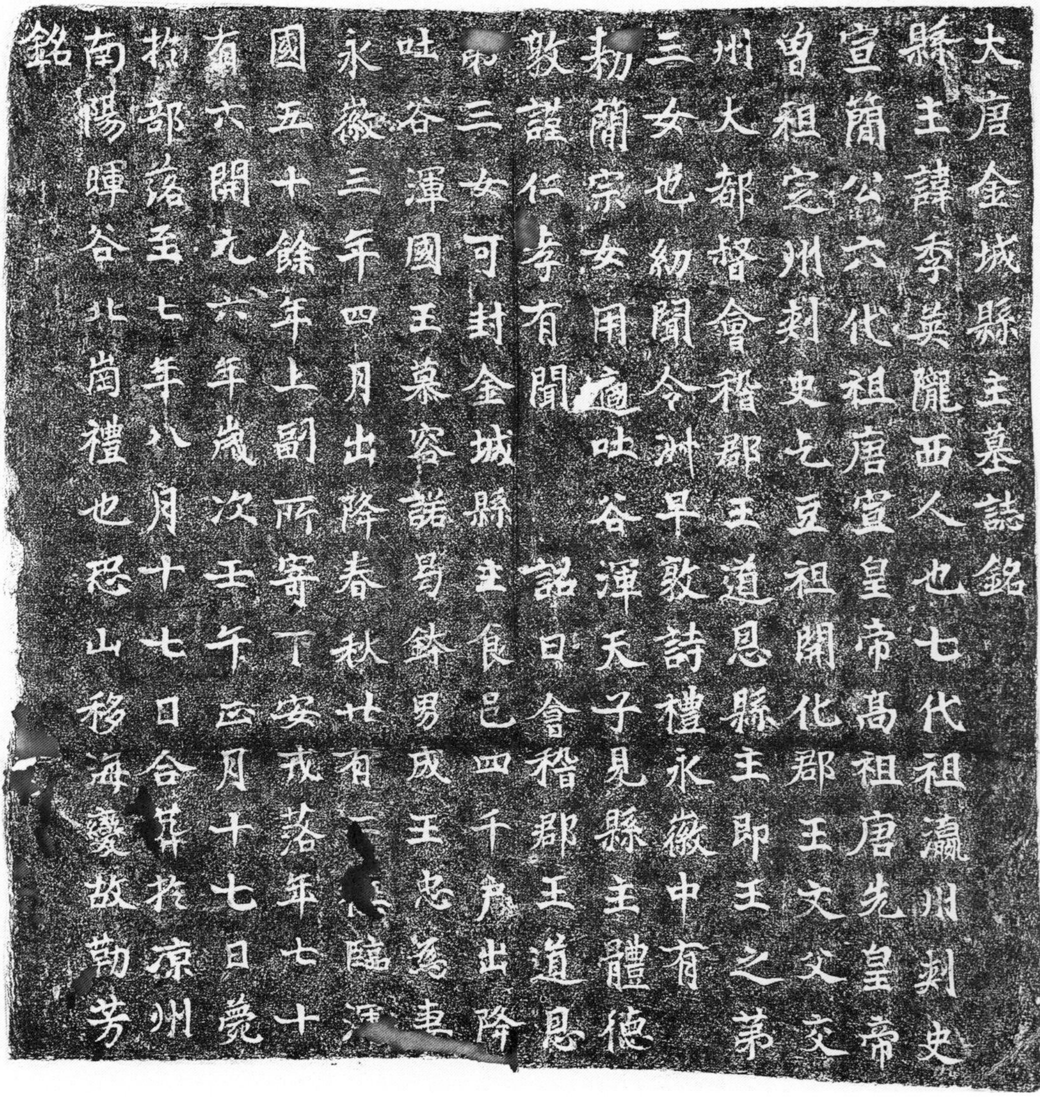

大唐金城縣主墓誌銘
縣主諱季英隴西人也七代祖瀛州刺史
宣簡公六代祖唐宣皇帝高祖唐先皇帝
曾祖定州刺史乞豆祖開化郡王文父交
州大都督會稽郡王道恩縣主即王之第
三女也幼聞令淑早敦詩禮永徽中有
勑簡宗女用適吐谷渾天子見縣主體德
敦諶仁孝有聞 詔曰會稽郡王道恩
第三女可封金城縣主食邑四千戶出降
吐谷渾國王慕容諾曷鉢男成王忠為妻
永徽三年四月出降春秋廿有[illegible][illegible]臨渾
國五十餘年上副所寄丁安戎落年七十
有六開元六年歲次壬午四月十七日薨
於部落至七年八月十七日合葬於涼州
南陽暉谷北崗禮也恐山移海變故勒芳
銘

大唐金城县主墓志铭拓片

大唐慕容府君墓志铭，镌于唐玄宗开元二十六年（738）十二月，边长61厘米，四周各镌三身兽首人身像，披长袍，兽首为十二生肖，首向右，执笏端坐。志盖篆书“大唐慕容府君墓志铭”3行9字；志底有裂隙，志文共23行，每行25字，周围镌有花纹，还有四神兽像，分别是青龙、白虎、朱雀、玄武。据志文记述，墓主人慕容曦光，为慕容忠长孙、慕容宣赵与姑臧县主长子，3岁时以本蕃嫡孙封号观乐王，10岁时转封燕王。14岁入长安，初授游击将军，擢明威将军、忠武将军等，累迁五原郡开国公，加云麾将军。参与平定六州胡等叛乱，抵御吐蕃进攻，破敌有功，授左威卫将军、冠军大将军、行左金吾卫将军、金紫光禄大夫行光禄卿、朔方军节度副使、上柱国等，封燕王。唐玄宗开元二十六年（738）七月于灵州本衙去世，赠持节、凉州都督，归葬凉州南山吐谷浑王族祖茔。

大唐故代乐王上柱国慕容明墓志铭，镌于唐玄宗开元二十六年（738），边长45厘米。志盖楷书“大唐故代乐王上柱国慕容明墓志之铭”4行16字，四周镌石榴纹装饰；志底首题“押浑副使忠武将军右监门卫中郎将员外置同正检校閤甄府都尉摄左威将军借紫金鱼袋代乐王上柱国慕容明墓志铭”49字，志文19行，满行23字。墓主人慕容明，唐高宗永隆元年（680）生于宁夏灵州，因其吐谷浑王室贵胄身份，5岁时即袭封为代乐王。又因祖上为

大唐慕容府君墓志盖侧面拓片

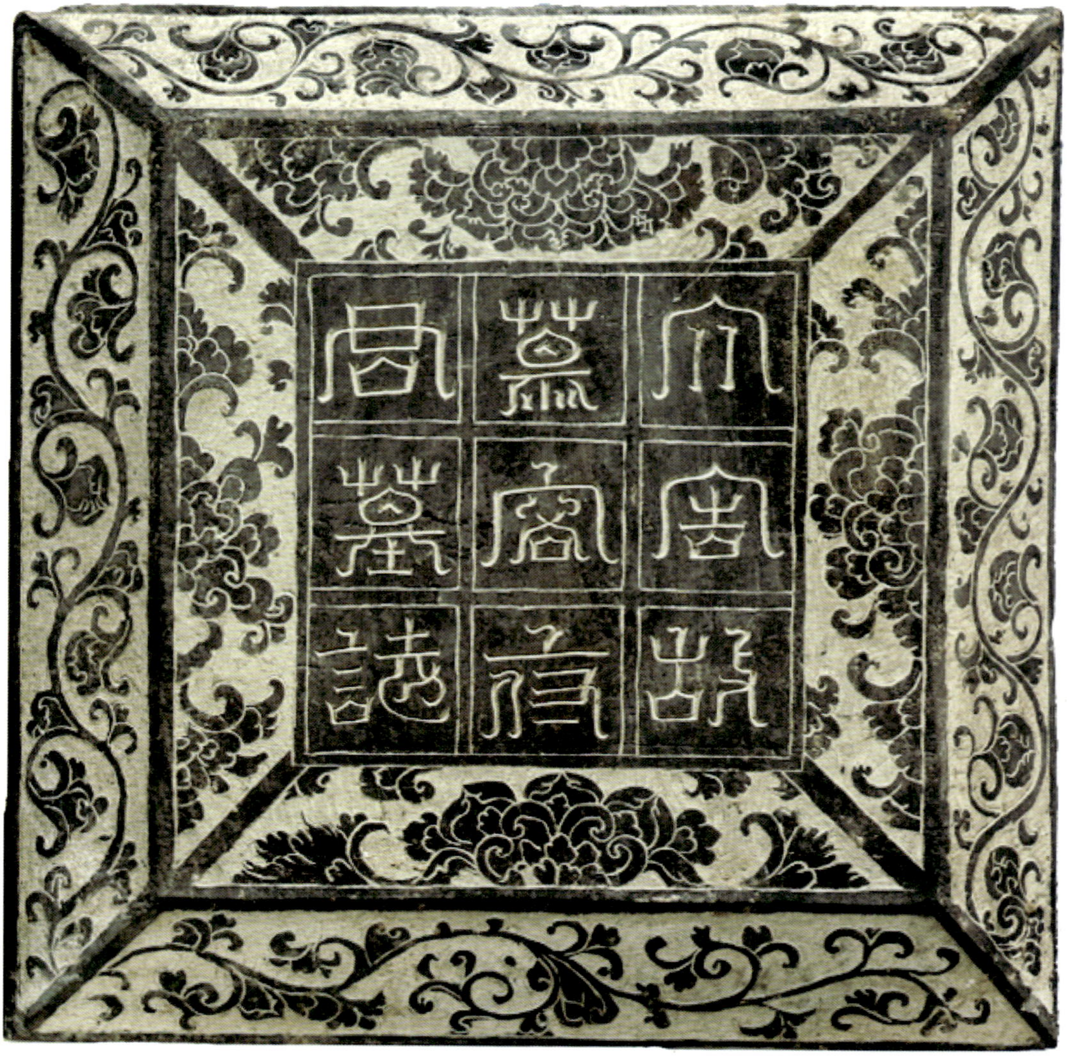

大唐慕容府君墓志盖拓片

大唐慕容府君墓志铭拓片

大唐故代乐王慕容明墓志盖拓片

大唐故代乐王慕容明墓志铭拓片

唐守边，颇多功勋，多次受唐封赐，曾任左屯卫翊府左郎将、押浑副使、忠武将军、右监门卫中郎将、左屯卫将军等职，赐封上柱国。唐玄宗开元二十六年（738）十一月于本衙去世，享年59岁，归葬于凉州南山吐谷浑王族祖茔。

大唐故政乐王墓志铭，志盖边长58厘米，志底边长60厘米。志盖篆书“大唐故政乐王墓志铭”3行9字；志底首题“大唐故政乐王慕容君墓志并序”14字，志文25行，满行24字，四边镌团花云纹。政乐王名宣昌，字煞鬼，为诺曷钵和弘化公主之孙，慕容忠和金城公主之子。慕容宣昌不足12岁被封为政乐王，26岁染疾而逝，神龙二年（706）移葬凉州南山吐谷浑王族祖茔。

大唐故夫人李氏墓志，边长30厘米。志盖篆书“大唐故夫人李氏墓志”3行9字，四边镌十二生肖；志底首题“大唐陇西郡夫人李氏墓志铭”12字，志文12行，满行12字。李氏名彩，陇西成纪人，父亲为延州司马，李氏22岁嫁元王慕容若，景云元年（710）病逝，享年42岁。

武威吐谷浑王族墓葬群是长安以西发现的规模最大、保存最完好的唐代高等级墓葬群。这些墓葬内出土了大量精美的随葬品，包括武士俑、镇墓兽等镇墓神煞俑，骑马俑、风帽俑、文官俑等出行仪仗俑群，狗、羊、鸡、猪等家畜家禽俑，木质列戟屋、叉、排箫等模型器具，木质胡床、六曲屏风、木质床榻等生活实用器及随葬明器，铁甲胄、金银马具、弓、胡禄等成套武器装备，以及目前国内发现最早的白葡萄酒。

大唐故政乐王墓志盖拓片

大唐故政乐王墓志铭拓片

大唐故夫人李氏墓志盖拓片

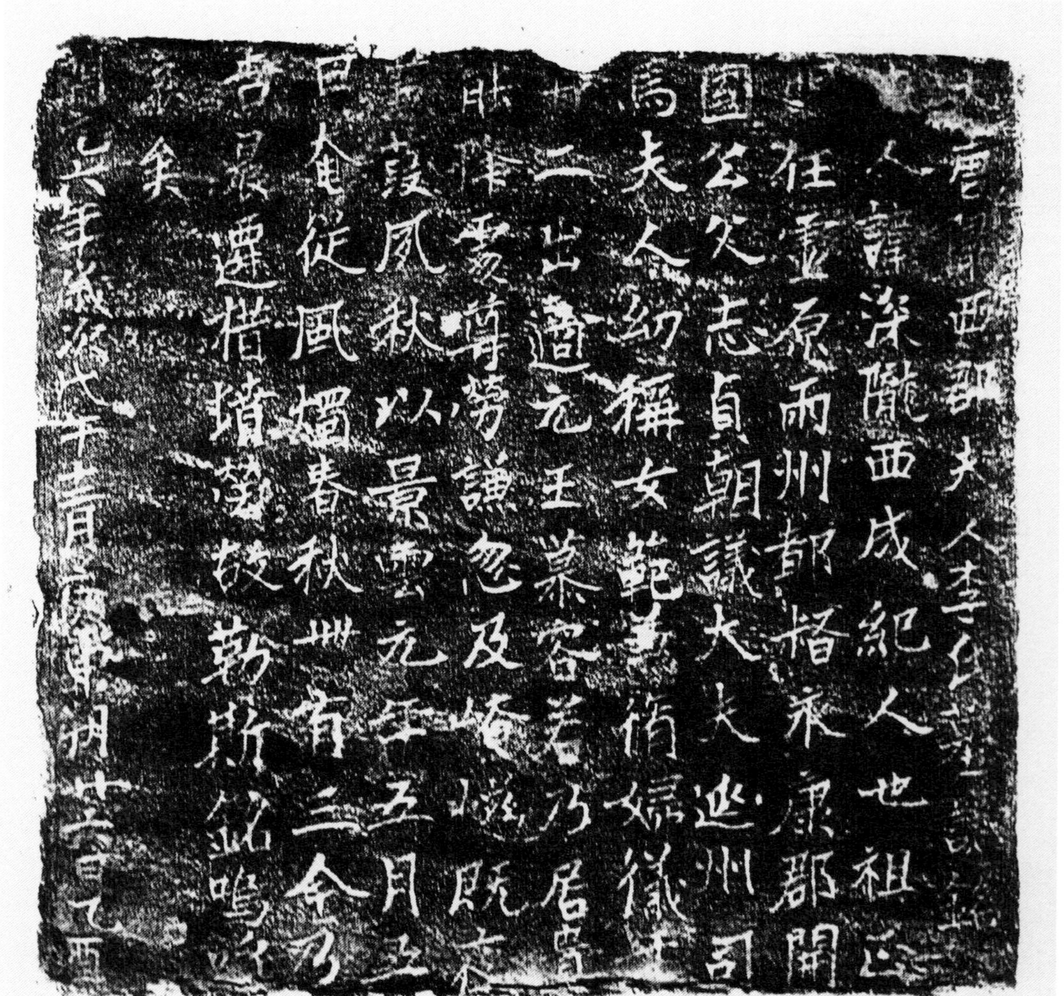

大唐故夫人李氏墓志铭拓片

这些镌刻着民族兴衰与融合发展历程的墓志，为我们绘制了一幅吐谷浑王族世系表，通过文字和实物，揭示了唐朝与周边少数民族交往、交流、交融，以及吐谷浑民族逐渐融入中华文明体系的历史史实，也进一步反映了武威地区悠久的历史文化和其在中华民族多元一体形成过程中的特殊地位，为铸牢中华民族共同体意识研究提供了有力的学术支撑。

唐代木俑

技艺精湛 形象生动

木俑作为中国古代墓葬中陪葬明器的种类之一，是中国古代墓葬文化重要的组成部分。武威出土的这批彩绘木俑，造型生动，对人物的刻画既写实又传神，凝结着我国古代工匠的非凡技艺。

俑是墓葬中陪葬用的人偶，是象征殉葬奴隶的模拟形象。“俑”字最早出现于《孟子·梁惠王上》中：“仲尼曰：‘始作俑者，其无后乎！’为其象人而用之也。”《礼记·檀弓下》云：“涂车刍灵，自古有之，明器之道也。孔子谓为刍灵者善，谓为俑者不仁，殆于用人乎哉？”自古以来，中国墓葬就有用“俑”作为明器殉葬的习俗，最早出现于商周时期，并逐渐增多，秦汉至隋唐时盛行。从考古发现来看，历代墓葬中，以陶制的俑为最多，砖石雕刻的俑占有一定数量，木质的俑由于其特殊的质料，难以保存，存世数量不多，特别是汉唐时期的木俑更是凤毛麟角。木俑作为中国古代墓葬中陪葬明器的种类之一，是中国古代墓葬文化重要的组成部分。

彩绘袖手男立俑

唐（618—907）
通高27厘米
武威市凉州区南营乡青嘴喇嘛湾出土

武威由于特殊的历史地位和气候条件，保存了一批汉唐木雕，其中1980年在武威南营乡青嘴喇嘛湾唐代吐谷浑王族墓葬中出土了几十件木俑，这些木俑以精湛的雕刻艺术，精美的人物造型，为国内罕见。

唐代是中国工艺技术大放光彩的时期，木雕工艺也趋于完美。武威吐谷浑墓葬中发现的木俑以人物俑保存最多，还有一些骆驼俑和马俑，具有造型凝练、刀法娴熟流畅、线条清晰明快的工艺特点。

彩绘袖手男立俑，国家一级文物，通高27厘米，肩宽5厘米，松木质。昂首立姿，双手交叉于腹前，头和身体分别雕刻后粘合而成。丰面，深目，厚唇，大鼻头，双耳依木质纹理雕出，紧贴头部。头上单髻向前垂搭，戴软幞头，着束腰窄袖圆领长袍。头部留白彩痕，身饰蓝彩，为唐时宦官形象。通体密布朽裂纹，描彩部分脱落。

唐代宦官主要服饰为圆领窄袖袍衫，戴幞头。他们衣服的颜色和官员一样按品阶分色，凡三品以上一律用紫色，四品、五品为绯红色，六品、七品为绿色，八品、九品为青色。这件人物俑着圆领蓝色袍衫，应为八品或九品的官阶。观察木俑面部，具有明显的少数民族形象特征，推测这个人物应是西域少数民族身份。这件木俑真实地为我们展示了唐代人物的服饰和气质，是一件难得的木雕品。

彩绘男立俑，弘化公主墓出土，通高 64 厘米，松木质。立姿，头、身、臂、腿分别雕刻后粘合而成。人物双手半握拳举于胸前，似做驾御状。背头，发齐肩，大衣齐膝，右衽翻领，衣领呈三角形，衣袖上宽下窄，腰部系带，脚小，无趾。大衣及面部白彩，眼、腿、发黑彩。面部浑圆丰满，表情温顺，目光注视前方。

这种三角形翻领袍服最开始是流行于中亚胡人的服饰，后传到河西和中原地区，成为新的时尚，唐代出土的很多胡人俑，都身着这种独特的服饰装扮。这些胡人俑与弘化公主墓出土的这件男立俑一样，多作手持缰绳状，且随葬时多置于马、驼等明器附近，其原型可能是贵族家牵马或牵驼的家奴。

彩绘男立俑

唐（618—907）
通高64厘米
武威市凉州区南营乡青嘴喇嘛湾出土

彩绘戴风帽男立俑（一）

唐（618—907）
通高30厘米
武威市凉州区南营乡青嘴喇嘛湾出土

彩绘戴风帽男立俑（二）

唐（618—907）
通高26.5厘米
武威市凉州区南营乡青嘴喇嘛湾出土

彩绘戴风帽男立俑（一），国家一级文物，整木雕成，通高 30 厘米，宽 7.6 厘米。立姿，右手握举胸前，面容丰满，眯眼，双唇外凸，嘴角凹陷。头戴风帽，着束腰长袍，外披翻领长大衣，大衣及脚踝。面部及右手涂红彩，大衣有黑蓝彩痕迹。除足前部及大衣两下摆约有 5.5 × 3.5 厘米残缺外，保存基本完好。

彩绘戴风帽男立俑（二），国家一级文物，整木雕成，通高 26.5 厘米，肩宽 5.5 厘米，厚 2.6 厘米。立姿，右手举胸前，眯眼，棱鼻，嘴角下垂。头戴风帽，着束腰长袍，外披长大衣。面施红彩，身施白彩，黑色腰带。

吐谷浑墓中出土的风衣风帽俑，造型基本类似，皆为立姿，左手或右手举于胸前似在抓住衣襟，内里着圆领束腰及脚踝长袍，头戴风帽，外披风衣。风衣款式分大翻领和圆领两种。风帽又称为暖帽，其外观是布兜的样式，可以遮挡住双耳和肩膀，包裹住整个头部，是游牧民族用于抵御风沙和保暖的。

彩绘丫髻俑，国家一级文物，通高 25.5 厘米，肩宽 5.5 厘米。松木质，头和身体分别雕刻后粘合而成。昂首立姿，双手袖于身体两侧。丰面，棱鼻，小嘴，眉目模糊，头两侧垂丫髻，面施白彩。着长袍披肩，袍蓝色，披肩赭红色。发髻、服饰为唐代仕女形象。

丫髻也叫双髻，又称双垂髻，是唐代少女常见的发型，其基本样式是将头发绾成两个发髻垂于两耳旁。这件木俑虽然有一侧发髻脱落，但仍能分辨出其为双垂髻，丝毫不影响她的端庄可人。虽然是奴婢俑，却没有半

彩绘丫髻俑

唐（618—907）
通高25.5厘米
武威市凉州区南营乡青嘴喇嘛湾出土

彩绘高髻女立俑

唐（618—907）
通高26.8厘米
武威市凉州区南营乡青嘴喇嘛湾出土

点奴气，反而露出微笑的表情，显得圆润的苹果肌更加饱满，一位活泼可爱、元气满满的少女跃然眼前，反映出唐代女子开朗活泼的精神面貌。

彩绘高髻女立俑，国家一级文物，通高26.8厘米，肩宽4.6厘米。松木质，头和身体分别雕造后粘合而成。立姿，颔首，双手袖于身体两侧，头顶梳高髻，丰面，棱鼻，小嘴。着长袍披肩，双足外露，袍赭红色，披肩蓝色，面庞圆润，是典型的唐代仕女形象。

唐代以胖为美，这件女俑虽然身材高挑纤细，算不上胖，但高梳的发髻，双鬓抱面，配上丰润的面容，依然呈现出雍容华贵的气质。

武威吐谷浑王族墓葬出土的这批彩绘木俑，雕刻简洁大方，造型生动，形神兼备，为研究唐代的雕刻艺术提供了宝贵的实物资料。唐代的木雕，除新疆、陕西等地出土较多，其他各地均不常见，武威出土的这批彩绘木俑，无论雕刻技艺还是人物造型等方面都很有代表性，先雕刻后彩绘，注重线条的勾勒和色彩的搭配，对人物的刻画既写实又传神。唐代是中国历史上辉煌繁盛的时期，社会开放包容，不同文化相互碰撞、相互渗透、相互影响，这批唐代木俑，正是盛世大唐物质和精神生活丰富的见证，是唐代木雕中难得的艺术珍品，凝结着我国古代工匠的非凡技艺，充分展现了吐谷浑和唐文化及周边民族文化的交流融合，对研究唐与吐谷浑的文化史、工艺美术史具有重要的历史价值。

镀金口三鱼莲瓣纹银碗

多元文化的融合之作

这件银碗，为唐早期器物，工艺精湛，综合运用了鎏金、锤揲、錾刻、焊接等工艺，造型优美协调、立体感强，纹饰错落有致、层次分明，反映了唐代高超的金银器铸造技艺。

大唐盛世，社会安定，开放包容，物质富足，加之丝绸之路的畅通，唐代人们的物质文化也达到了空前的高度，尤其是金银器的制作和使用，在唐代进入鼎盛时期。从各地出土的文物来看，唐代金银器数量之众，品类之多，工艺水平之精，堪称首屈一指，在世界金银器工艺发展史上占有极其辉煌的一页，并对后世金银器制作产生了深远的影响。

1980 年 7 月，武威市城南 15 千米处的南营乡青嘴喇嘛湾一座唐墓中，出土了一件唐代开元年间的镀金口三鱼莲瓣纹银碗。这件银碗为唐早期器物，造型独特，制作工艺精湛，是唐代金银器的典型代表，被评定为国家一级文物。银碗高 8 厘米，口径 11 厘米，底径 5.5 厘米。侈口，口沿以下

镀金口三鱼莲瓣纹银碗

唐（618—907）
高8厘米，口径11厘米，底径5.5厘米
武威市凉州区南营乡青嘴喇嘛湾武氏墓出土

内束，口沿上有一圈鎏金；喇叭形圈足与碗体焊接，足缘饰一圈排列紧密的圆球形连珠纹；腹部饰以八瓣莲花，莲花之间饰以花纹并鎏金（内外壁花纹相同）；碗底内饰一圈小颗粒联珠纹，圈内饰以水波纹，中心饰四瓣水草花，周围高浮雕三条小鱼，首尾相接围绕花朵呈逆时针方向游弋，三条小鱼仿佛在水草间嬉戏追逐，水波泛起圈圈涟漪，活灵活现。从整个器物来看，造型优美协调、立体感强，纹饰错落有致、层次分明，反映了唐代高超的金银器铸造技艺。

早在商代，我国就已经出现了金银制品，但在唐代之前，金银器只是作为配饰、附件等出现在青铜器等其他器物上，人们并没有使用金银器的传统。直至唐代，国泰民安，经济富足，为金银器的广泛使用提供了强大的经济支撑。丝绸之路的繁荣兴盛，大量金银器自西域传入中国，被权贵阶层争相追捧。金银器华美亮丽的外表和稀有性使之成为身份地位的象征，《唐律疏议》中规定："器物者，一品以下，食器不得用纯金……"《唐会要》云："……诸一品以下，食器不得用浑金玉；六品以下，不得用浑银。"金银器自然而然成为了当时人们身份的标志。

唐代金银器的制作工艺极为复杂精细，有范铸、锤揲、鎏金、模冲、錾刻、镂空、掐丝、镶嵌、炸珠、焊接、铆掊、编累、抛光等十几种加工制作工艺。这件银碗就采用了多种工艺技术，是唐代金银器手工制作技艺的综合展示。

首先，碗口及莲瓣间隙的花朵采用鎏金装饰。鎏金在青铜器制造中就已出现，其做法是将成色优质的黄金捶打拆分成小块儿金片，加热熔化后，按照 1∶7 的比例加入水银，将混合而成的“金泥”均匀涂抹在器物表面后在火上烤制，水银遇热蒸发，金仍留存于器物表面。在这件银碗上，局部鎏以金，以别于银底，呈“金花银底”之美，既对比鲜明地呈现金银交相辉映之华美，又很好地防止银质氧化发黑。

其次，银碗是锤揲成型。锤揲工艺，是利用金银质地柔软延展性强的特点，将金银片衬以软物或置于模具上锤击成型。这件银碗上的莲瓣图案，就是由内向外锤出轮廓，莲瓣由碗内壁向外壁微微突起，形成内凹外凸的效果。这种在金银器皿表面锤揲出凹凸起伏的莲瓣装饰的做法，在粟特金银器中普遍使用；连续的莲瓣纹饰，也是粟特金银器中的常见纹饰，在唐代极其流行。从现有考古发掘来看，唐代金银器绝大部分都是锤揲成型，体现了这一时期外来技术和文化对唐代手工业的影响。

再次，碗底内水波纹采用了錾刻的工艺。錾刻是用小锤击打粗细大小不同、形状各异的錾子，在器物表面刻出各种花纹图案，以达到装饰效果。这种工艺难度很大，很考验刻工的力道和水平，一錾一刻都直接影响到整体效果的呈现，越是细节处越需要手指技巧的变化运用，才能呈现出行云流水的线条。这件银碗錾刻的水波纹，曲线流畅，水波层层荡漾，线条间均匀自然，体现了工匠高超的錾刻技术。

最后，圈足底部焊接有一圈凸起的连珠纹。这些连珠颗粒相对较大，大小均匀，形状规整，呈浮雕状，彼此之间以焊接工艺相连接，固定在圈足上，圈足又整体与碗底相焊接，十分牢固，千百年无开裂脱落。这种连珠纹，又称联珠纹、连珠、圈带纹，是中国传统文化中一种几何图形的纹饰，由大小相同的圆珠依次排列而成，一般多作为辅助纹样出现。这件银碗内底的小鱼外圈也有一圈连珠纹，颗粒较小。连珠纹，尤其连珠圈纹，是古波斯萨珊王朝最为流行的花纹，在粟特艺术中也常作辅助装饰。

这件银碗不仅仅是一件精美的手工艺品，也是多种技术和多元文化的融合之作。其既有来自西域的锤揲工艺，又有中国的鎏金、錾刻、焊接等传统工艺；而莲瓣纹、连珠纹又彰显着外来文化的印记，是文化交流、文明汇聚的痕迹和实证。各种技术和艺术的综合运用、相互交融，将这件巧夺天工之作呈现在世人眼前，让我们不禁猜想这件宝贝的主人是谁呢？

出土这件银碗的武氏墓，为“燕王慕容公故妻太原郡夫人武氏”，据志文记述：“夫人，太原人也，则天大圣皇后之侄孙女。”由此可见，这件银碗是皇家物品，可能是武氏夫人出嫁时的嫁妆，是其生前喜爱之物，死后陪葬于墓室中。这件银碗，不仅为研究唐代金银器工艺提供了珍贵的实物资料，而且它是唐与吐谷浑民族团结的历史见证。

唐代，在中西、南北多元文化的相互影响下，呈现出与时俱进、充满活力的文化品性，并且随着民族交流融合的不断深入，外域之物也不断激发着唐代人们的创造力、想象力和生产力，以千变万化的造型特征阐释着审美风格的多元。这件银碗，是对大唐盛世最好的注解，是西方金银器工艺与东方审美情趣完美结合的佳作，也是中西文化交流源远流长的见证。

镶螺钿绿松石八宝纹骨梳

唐代女性发饰

唐代，发梳不仅是一种实用器具，用以梳理头发，其还是重要的发饰。唐代女性盘梳高髻之风带来了插梳风尚的流行，她们将梳齿插入各式发髻，成为女性装扮的时尚潮流。

梳，古称“栉”，是梳理头发的用具。据史料记载及考古发掘出土的文物证实，我国早在新石器时代中晚期就已经开始使用梳子，当时的先民对美有了最初的认知，便根据手指的形态制作出梳子，将披散的长发束起来。商周时期，梳子以骨、竹木、玉、陶、铜为材质，并且有了梳和篦的区别。战国时期，由于漆器手工业的发展，流行彩绘髹漆木制的梳子。秦汉之际，梳子普及全国，造型也越来越丰富。到了唐代，出现了金、银、玉、翠、象牙等制作的梳子。随着社会经济的高度繁荣和对外交往的日益频繁，人们的审美情趣也进一步提升。这时的梳子不仅仅是梳理头发的实用器具，而且也是妇女打扮装饰用的发饰。唐代女性盘梳高髻之风带来了插梳风尚

镶螺钿绿松石八宝纹骨梳

唐（618—907）
长10厘米，宽5.5厘米
武威市凉州区南营乡青嘴喇嘛湾武氏墓出土

的流行，她们将梳齿插入各式发髻，露出梳背的装饰。插梳成为女性装扮的时尚潮流，这种风气一直延续到明清。

最初，她们在发髻前插一把饰有各种精美纹样的发梳；之后，插在发髻上的发梳数量逐渐增加，以两把梳子为一组，上下相对。到了晚唐，插在头发上作为装饰物的发梳更多，最多的有十多把，层层叠叠与发髻形成鲜明的阶梯形，犹如小山重叠。在很多唐诗中曾描绘过女性头上插梳的景象。元稹《恨妆成》中“满头行小梳，当面施圆靥”，可见梳篦和面靥是唐代美人的“标配”；王建《宫词》诗云：“玉蝉金雀三层插，翠髻高耸绿叠虚。舞处春风吹落地，归来别赐一头梳。”发髻的优美造型搭配精致的簪钗和发梳，一位唐代美人的形象跃然纸上。崔涯《嘲李端端》云“独把象牙梳插鬓”，李珣《浣溪沙·入夏偏宜澹薄妆》也说“镂玉梳斜云鬓腻”。在唐人张宣所绘《捣练图》和晚唐《宫乐图》，以及敦煌莫高窟壁画中都有女性插发梳的形象。我们可以想象，当时的女性非常喜欢插梳，而梳子也花样繁多，质地多样。

1980 年，在武威市南营乡的唐代武氏夫人墓中出土了一件骨梳，色彩绚丽华贵，图案精美别致，经专家鉴定，被评定为国家一级文物。这件骨梳，质地为牛骨，长 10 厘米，宽 5.5 厘米，梳齿细密。梳背两面螺钿镶嵌绿松石，以及石榴、桃子、梅花、灵芝等八宝图案，精美绝伦。花朵的蔓茎用贝壳片镶嵌，线条精细、柔美、流畅；舒展在枝蔓中的花叶又用绿松石镶嵌，翠绿精致，生动逼真。用贝壳片镶嵌的三只蝴蝶，飞舞在花朵和果实之间，动感十足。最外边用绿松石和贝壳交替镶嵌半圈连珠纹，错落有致，疏密匀称。梳背的构图，结构严谨，色彩斑斓，动静结合，给人以真实自然之感，表现了盛唐时期高超的镶嵌工艺。

螺钿又名“螺甸”“螺填”“钿嵌”“陷蚌”等，螺指的是镶嵌材料的质地为海螺、贝壳等，钿指用来装饰的意思。“螺钿”一词准确地表达出这种镶嵌工艺的特色，就是把贝壳镶嵌于漆器或木器等器物来表现纹样的一种传统装饰技法。我国古代螺钿镶嵌所用到的材料大都来自于内陆湖和盐湖，通常选用的种类有螺壳、夜光螺、三角蚌、鲍鱼贝、蝶贝等，这类蚌贝结构精密、韧性较强、五光十色且色泽多变，制作后呈现的光泽度极佳，尤其是夜光螺，色泽温润，能在夜间发出五颜六色的光泽。还有鲍鱼贝，色泽艳丽，较易收集，是螺钿工艺中常见的材料来源。

由于年代久远，这件牛骨梳上的螺钿八宝纹已失，但连珠纹和蝴蝶纹幸运地保存了下来，1000 多年过去了，依然绽放着美丽动人的莹润光泽，特别是受到光线照射时，更是五彩纷呈，绚丽多彩。而且与绿松石搭配，相映成辉。这件牛骨梳，是既有实用价值，又有观赏价值的精美艺术品，折射出唐代女性华贵高级的生活方式和审美情趣，展现了唐代繁荣昌盛的时代特征。

泥活字印本西夏文《维摩诘所说经》

世界上最早的泥活字印刷实物

任何一种工艺，都有一个从粗到精、从不成熟到成熟的发展过程。武威西夏文泥活字印本所表现出来的活字初创时期原始、简陋、粗放的特征，使我们得以了解古代活字印刷技术产生、发展、演变的历史。

1985 年的冬天格外寒冷，武威市新华乡缠山村附近的山中，一个放羊的村民忍不住寒风的侵袭，钻进了半山腰的一个山洞里。他在昏暗中摸索到一些草纸点燃来取暖，借着火光他随意地翻看着，那些发黄的薄纸上有十几个方方正正的大字像“天书”一般，自己居然一个也不认识。他在口袋里装了一张纸带回家，交给村上的文书。文书更加惊奇：难道真是“天书”？这张纸三传两传，就传到了武威市博物馆副馆长孙寿龄的手里，时间已经是 1987 年。孙寿龄看到纸上的字，大吃一惊：上面的文字与博物馆保存展出的西夏碑上的文字一模一样！他急忙向上级领导汇报，并带着工作人员来到发现“天书”的洞窟。现场共发现了 4 个洞窟，均为穹隆顶式，

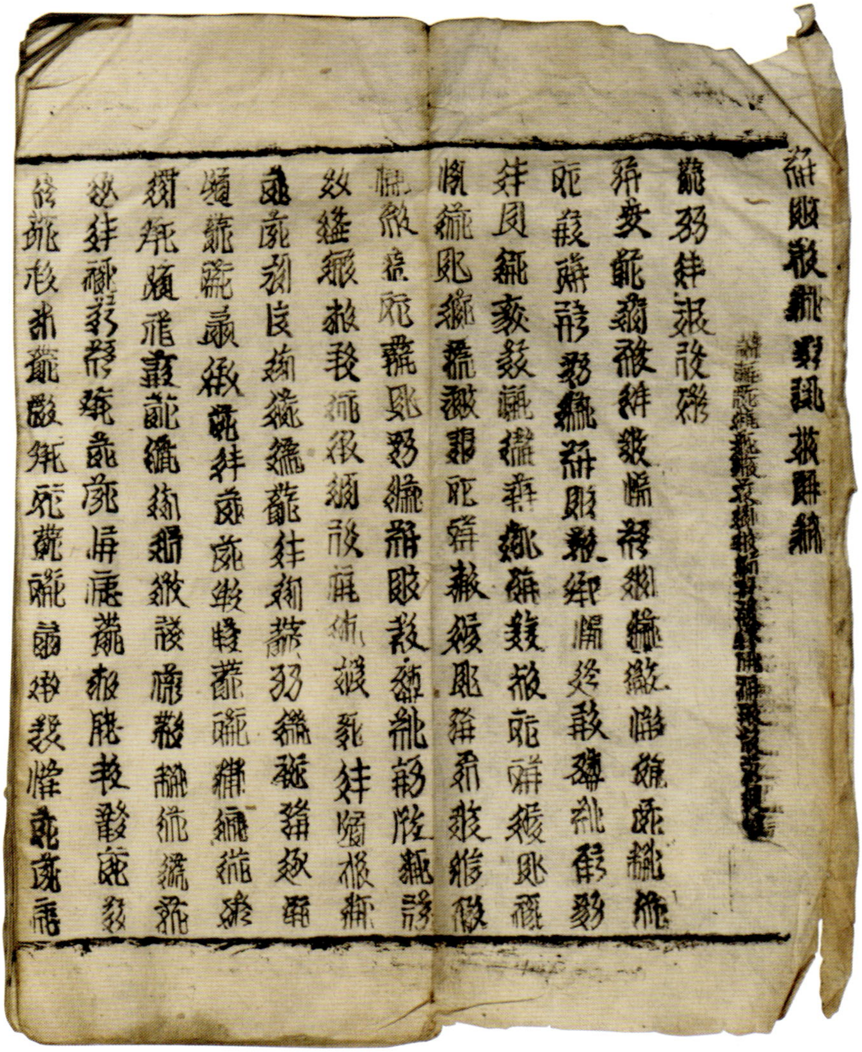

泥活字印本西夏文《维摩诘所说经（下卷）》

西夏（1038—1227）

高28厘米，宽12厘米

武威市凉州区新华乡亥母洞石窟遗址出土

坐西向东并列建造。洞窟因地震塌陷严重，洞口呈山谷裂隙形状，洞内则狭长深邃不可测。保存较为完整的 1 号洞窟，也就是放羊的村民取暖的洞窟中，发现了西夏、元、明、清等不同时代的文物、文献数百件，其中西夏文文献、唐卡、泥擦擦数量最丰，泥活字印本西夏文佛经《维摩诘所说经》价值最大。

这是一件基本完整的西夏文经书，纸本，经折装，共 54 面，每面文字 6 行，满行 17 字，全书共 6400 多字。卷首有佛经题名《维摩诘所说经下卷》，题名后有一行排列密集的小字，汉译为“奉天显道耀武宣文神谋睿智制义去邪惇睦懿恭”，这是西夏仁宗皇帝的尊号，表明该版本刻制于西夏仁宗时期（1140—1193 年在位）。在反复观摩之后，有丰富雕刻经验的孙寿龄先生发现了佛经印刷的独特之处：页面文字墨色深浅不一，且有晕染现象；文字大小不一，个别字迹歪斜不正，行间距和字间距均不规则，排列不整齐；文字四角多圆润无棱角，还有流釉和纸背透墨的现象，个别处因排版时漏排而出现空白。这些特征既不同于雕版印刷，又与木活字印刷相异，应该是泥活字印刷而成。

武威发现了西夏时期泥活字印本的消息一经公布，专家学者众说纷纭。大多数人持怀疑态度，认为泥活字酥脆易碎根本不能印刷，沈括《梦溪笔谈》中记载的毕昇发明泥活字印刷，只是一个没有经过实践检验的理论。国内的学术争论纷纷扰扰尚未见分晓，1995 年，韩国发现了一件明代洪武十年（1377）的金属活字印本佛经《心要》，韩国以此为据，大肆宣扬，认为

西夏文《维摩诘所说经（下卷）》

该印本是目前世界上最早的活字印刷实物，认为韩国是最早发明活字印刷技术的国家。

孙寿龄先生急了，他连忙向中国社会科学院民族史研究所的西夏学专家史金波先生和宁夏社会科学院的西夏学专家牛达生先生求教。两位先生都是国际西夏学研究领域的翘楚，学养深厚，见多识广，他们也认同武威出土的西夏文佛经是泥活字印本这个说法。他们支持并建议孙寿龄用事实说话，鼓励他说："要想知道梨子的味道，就得亲自去品尝。"受到鼓励的孙寿龄横下心来，决心亲自实践，烧制西夏文泥活字。他潜心研究西夏文字构造特征，又按照沈括《梦溪笔谈》中记载的泥活字制作原理，耗时3年，硬是利用自家做饭的土炉子，成功烧制、印刷出了现代版的西夏文泥活字印本《维摩诘所说经》下卷，用实践证明了泥活字印刷的可能性。

我国的雕版印刷技术创始于隋，成熟于唐，宋代出现第一个高峰。宋代雕版印刷技术的广泛使用，大大促进了教育的发展、文化和科学技术的传播。随着社会需求的扩大，雕版印刷的缺陷也暴露出来。一部书籍的完成，要经过多道工序，版材选材要精良，雕工刻字须谨慎，还要着墨印刷，装订成册，等等，不但费料费时费力，印刷完成后还需要大量空间保存雕版，其中烦难不一而足。当此之时，北宋布衣毕昇的泥活字印刷技术应运而生。在廉价的泥质字模上刻字、排版、印刷，刻好的字模可以反复使用，省时省料，方便快捷，最适合印制大宗书籍。毕昇发明的泥活字印刷术成为当时世界上最先进的印刷技术，这一发明被同时代的科学家沈括详细记录在了他的著作《梦溪笔谈》中。

西夏是宋的近邻，中原汉文化对其影响深刻。西夏统治者为了发展本民族文化，不但仿照汉字创制了西夏文字，还大量翻译、印刷儒家经典和佛教典籍。内蒙古黑水城遗址、宁夏、甘肃敦煌和武威等地，发现大量西夏文印本文献，特别是1990年在宁夏宏佛塔中发现的2000多块西夏文木雕版，是世界上现存年代最早、数量最多的木雕版实物，证实了西夏雕版印刷业的繁荣发达。

毕昇发明泥活字印刷术后，西夏不但借鉴使用，还进行了改良和创新。亥母洞遗址发现的西夏文泥活字印本佛经《维摩诘所说经》下卷，该版本最为独特之处是，佛经正文由泥活字印刷而成，但卷首经题后的西夏仁宗皇帝的20字尊号题款“奉天显道耀武宣文神谋睿智制义去邪惇睦懿恭”却是雕版印刷而成。西夏统治者崇信佛教，皇帝和皇太后经常亲自参与翻译、校勘和印施佛经，这些佛经上往往会刻上他们的尊号作为题款以示虔诚和重视。仁宗皇帝在位时期，西夏印刷事业最为发达，他校勘、印施的佛经最多，其尊号长达20个字，都是对他的溢美之词。刻工们为了省时省力，把他的尊号雕刻在一块长版上，作为一组活字，在每一部佛经中都能灵活使用。这是西夏文献上所独有的，是西夏人对活字印刷技术的改良和创新。

西夏人在使用泥活字印刷的过程中，又在此基础上发明使用木活字印刷书籍。毕昇发明泥活字印刷术之前，曾经尝试过木活字印刷，但因为木料在吸水后膨胀，性能不稳定而失败，所以改用泥活字印刷。西夏人却成功地用木活字印制书籍。1991年，在宁夏贺兰山拜寺沟方塔中，发现了西夏文木活字印本佛经《吉祥遍至口合本续》，这是现存世界上最早的木活字印刷实物。

西夏广泛使用汉族传统的雕版技术印刷西夏文书籍，又借鉴使用和改良泥活字印刷技术，创制木活字印刷技术，保存和发展了中原汉族优秀传统文化和技艺，这是西夏少数民族在中华民族印刷史上做出的重要贡献。北宋毕昇发明的泥活字印刷，被称为世界活字的鼻祖。但在浩如烟海的汉文典籍中，至今没有发现宋代的汉文活字印本。武威发现的西夏文泥活字印本《维摩诘所说经》下卷，是世界上最早的泥活字印刷实物，填补了中国和世界印刷史上的空白。任何一种工艺，都有一个从粗到精、从不成熟到成熟的发展过程。武威西夏文泥活字印本所表现出来的活字初创时期原始、简陋、粗放的特征，使我们得以了解古代活字印刷技术产生、发展、演变的历史。

毕昇发明泥活字的时代，正是西夏独占河西走廊的时期，东西方贸易和文化交流，无不受到西夏的强烈影响。1908 年，法国汉学家伯希和率领法国中亚考察队在莫高窟北区洞窟中发现了 960 枚西夏时期的回鹘文木活字。20 世纪 80 年代，敦煌研究院对莫高窟北区洞窟逐一清理发掘，又发现 48 枚回鹘文木活字。这 1000 多枚木活字，是世界上最早的活字字模实物，也是活字印刷技术通过西夏向西部回鹘地区传播的有力证据。回鹘文是字母文字，与西方的字母文字有很多相似之处，回鹘人根据自己民族的语言文字特点创造的活字，开创了字母文字活字印刷的先河。200 多年后，德国人古腾堡又制作金属字母活字，用以印刷书籍，并迅速在西方传播。西夏在活字印刷技艺的传承和发展，以及向西方传播的过程中，所起到的重要桥梁作用不容忽视。

亥母洞石窟：位于武威市城南15公里处的新华乡缠山村西南的祁连山半山腰上，始建于西夏正德年间（1127—1134），元、明、清及民国时期都曾重修、新建和使用，是目前国内保存最原始的唯一金刚亥母石窟寺遗址。金刚亥母是藏密本尊胜乐金刚的明妃，她能够降服魔障，祛除烦恼，生成智慧。当地人对金刚亥母非常信奉，把她奉为主管生育之神，凿刻亥母洞石窟的山下至今仍然保存有一座金刚亥母寺院，殿堂里供奉着金刚亥母塑像，传说凡不能生育者在金刚亥母像前许愿，可得子女。1927年武威大地震，洞窟全被震塌，1985年以来先后在遗址中发现西夏唐卡、西夏文文献等数量众多的文物及文献。

西夏铜火炮

啸叫沙场 睥睨群雄

中国是世界上最早发明和使用火药的国家，也是最早将火药运用到军事武器中的国家。武威出土的这件西夏时期的铜火炮，是迄今为止所发现的世界上最古老的金属管型火器，为我们研究古代火炮的起源提供了珍贵的实物资料。

1980 年 5 月，武威市城西针织厂建设施工中，在距离地表 3 米处发现一座古代窖藏，出土了铜火炮、瓷扁壶和剔刻花瓷罐等文物。铜火炮体量较大，由前膛、药室和尾銎三部分组成，药室上方有孔，用来放置引火线，尾銎两侧也有对称的方孔，用来安装铁栓，连接支架，固定炮身。出土时在火炮药室内发现了一枚实心铁弹丸和残存的火药，弹丸表面已经锈蚀，呈不规则的圆形；火药呈黑色，约有 0.1 千克，经检验分析，主要成分除木炭、硫黄、硝石外，还掺入了硅酸等杂质，显示铜火炮已经使用过。当地考古工作者对铁弹丸和黑火药进行了科学检测，根据检测结果和窖藏中同时出土的具有典型时代特征的瓷扁壶和剔刻花瓷罐等西夏瓷器，确

铜火炮

西夏（1038—1227）
炮身长100厘米，炮口内径12厘米，重108.5千克
武威市凉州区针织厂出土

定铜火炮的时代为西夏，并指出，这是目前发现年代最早、体量最大的金属管型火器。

这个考古结论打破了学术界的定论，将我国制造和使用金属管型火器的时间提前了近 100 年。这无疑是对几十年来学术界认知的一个巨大挑战，国内相关专家学者各执一词，莫衷一是。多数人认为，武威铜火炮，既没有明确纪年，又缺乏有力的旁证和依据，最重要的是，西夏是我国古代一个地处西北、闭塞落后、以游牧骑射为生的西北少数民族政权，不可能具备制造当时世界最先进武器的技术水平。

1935 年，北京房山云居寺发现的，后收藏于国家博物馆的元代至顺三年（1332）铜火炮，一直以来被学术界公认为我国和世界上最早的金属管型火器。该火炮体量较小，长 35.3 厘米，炮口外张似碗口，故名碗口铳。炮身上刻写铭文“至顺三年二月十四日，绥边讨寇军，第三百号马山”20个字，表明火炮的铸造时间、编号和火炮的管理使用军队及人名。从铭文可知当时火炮的制造和使用已经具有相当规模。

事实上，自 19 世纪 70 年代以来，我国的内蒙古、宁夏等地，也先后发现了多件有明确纪年的元代铜火炮，制造时间都早于元代至顺三年。1987 年，在内蒙古锡林郭勒盟附近发现一件元大德二年（1298）铜火炮，该火炮全长 34.7 厘米，保存完整，炮身上用元代官方文字八思巴文刻有明确的铸造年代“元大德二年”和编号“数整八十”。该火炮比国家博物馆收藏的铜火炮制造时间要早 34 年。2004 年，在宁夏银川也发现了一件有元代至元八年（1271）铭文的铜火炮，它又一次刷新了考古学界的定论，把铜火炮的制造时间提前了 61 年。

从历次考古发现的元代铜火炮上的铭文可知，早在元朝建立之初，为了提高军队战斗力，尽快完成开拓疆土、统一全国的目标，统治者已经开始生产和制造金属管型火器，从大德二年编号为第八十号到至顺三年的编号第三百号，可知当时火炮生产规模和数量不断在扩大。

1994 年，武威文物工作者在进行田野文物调查时征集到一件西夏瓷蒺藜，圆形，周身布满逆刺，顶端有孔，孔内有火药痕迹。火蒺藜是我国北宋时期较为先进的火药武器，腹中装置火药和引火线，爆炸后杀伤力非常强大。瓷蒺藜的发现，表明西夏人在武器制造中对火药的应用技术相当熟练，已经达到了当时北宋的技术水平。

1997 年，宁夏银川宾馆附近发现的一处西夏窖藏中，出土了一件西夏铜火炮，其形状与武威西夏铜火炮基本相同，只是体量较小，全长 24 厘米，药室内残存的火药表明它是一件实用武器。考古专家根据窖藏中出土大量北宋钱币和西夏汉文钱币“天盛元宝”“皇建元宝”等确定，这是一处西夏晚期的窖藏，出土的小型铜火炮，是西夏时期的遗物。

宁夏西夏铜火炮的发现，证实了武威西夏铜火炮存在的可能。武威西夏铜火炮，体量更大，结构简单，制作粗放，与现已发现的元代铜火炮相比，显示出更多的原始性。它是当时世界上最先进的军事武器，也是迄今为止所发现的世界上最古老的金属管型火器。它的发现，刷新了我们对古代科

瓷蒺藜

西夏（1038—1227）
直径17厘米，高11厘米，小孔径1.2厘米
征集

技能力的认知，为中国科学技术史添上了浓墨重彩的一笔，为我们研究古代火炮的起源和古代科技发展的历史提供了珍贵的实物资料。1996年，武威西夏铜火炮被国家文物鉴定委员会专家评定为一级文物。

宋朝是中国历史上最富有的一个朝代，商品经济的繁荣，促进了文化教育的发展和科学技术的创新，中国古代的重大发明如火药、活字印刷术、指南针等，都产生于这个时代。中国古代的方士，为了追求长生不老，一直在尝试炼仙丹，仙丹没有炼出来，却炼出了用于军事和战争的火药。文献记载，我国在北宋时期，已经开始了火药和火器的生产，并且拥有世界上最先进的武器和火药配方，火器制造也具有相当的规模。《宋史·兵志》中记载，宋朝建立之初，已经有人发明了火箭、火球、火蒺藜等火器进献给朝廷，这已经是当时世界上最先进的武器了。北宋政治家曾公亮编写的《武经总要》，是集当时及古代兵器之大成的百科全书式的兵书，其中不但记录了3个与后来的黑火药配方非常接近的火药配方，还记载了十几种当时所用的不同式样的炮。最具杀伤力的霹雳炮和震天雷，在宋朝与金战争中曾发挥过重要作用。因为战争的需要，宋朝火器发展迅速而且生产规模很大，文献记载，“同日出弩火药箭七千支，弓火药箭一万支，蒺藜炮三千支，皮火炮二万支”，数量非常之大。到了南宋，火枪和突火枪出现，并运用于实战中，这便是世界军事史上最早的管型火器，被后人称为现代管型火器的鼻祖。南宋时期的突火枪是一种完整的管型火器，在粗大的竹筒中放入火药、石子、铁砂等，用引线点着火药，爆炸时的强大气压把铁砂、石子发射出去，威力大，射程远，命中率高。南宋突火枪开创了管型火器发射弹丸的先河，是我国兵器发展史上的重要突破。

西夏是宋朝的近邻，得近水楼台之便，对中原宋朝先进的科学技术和文化广泛吸纳利用并不断改良创新。西夏的金属冶炼技术和武器制造技术，与宋朝不相上下。宋代沈括《梦溪笔谈》中记载了不少西夏有名的兵器，例如射程远、穿透力强、威力巨大的西夏“神臂弓”；还有锋利无比，闻名遐迩，号称天下第一的“夏国剑”，这种剑，就连宋钦宗本人也非常喜欢，经常随身佩戴。安西榆林窟有一幅西夏壁画《锻铁图》，图中工匠正在拉动的木质风箱不同于一般的风箱，它是双扇竖式木风箱，鼓风量更大，能大大提高炉火温度，是当时最为先进的鼓风设备。先进的金属冶炼技术，为西夏铜火炮的制造提供了技术支撑和保障。

西夏党项羌族是在马背上成长壮大起来的民族，他们以狩猎、征战为生，生产生活所需要的物资，要通过战争来获得，不战则无以为生。西夏历代统治者都重视发展军备，国力强盛时，有 50 多万常备军，还有专门的炮兵部队，叫“泼喜”，负责旋风炮的发射。当时宋、辽的军队中都有炮兵，但西夏这支叫作“泼喜”的炮兵部队更有特色，他们把当时世界上最先进的武器旋风炮放置在骆驼鞍子上，使炮火可以移动发射，这样的设计，集中了骑兵和炮兵的优势，使用、转移都非常灵活。西夏与同时期的宋、辽、金相比，非常弱小，而且处在自然条件恶劣的西北地区，但是它能够立国称雄近 200 年，先后与宋、辽、金鼎足而立，直到后来蒙古军队 6 次征伐西夏，付出沉重代价之后才使其灭国，不难想象，西夏所凭借的，少不了其强大的军队和先进的武器装备。

北宋发明了火炮，但是至今没有发现宋代管型火器的实物遗存。西夏都城中兴府（今银川）、辅郡凉州发现的西夏铜火炮，是目前世界上保存最早的金属管型火器。西夏的火器制造技术来源于宋朝，它保存和发展了中原先进的火器制造技术。西夏境内缺铁，于是把宋朝的铁蒺藜火球改制成瓷蒺藜火球用于作战。骆驼是西夏重要的也是普遍的交通运输工具，西夏人创造性地把骆驼作为火炮的炮架和运输工具，提高了火炮的作战能力。西夏能够从实际出发，因地制宜，他们对中原兵器制造和使用所做的改良，体现了西夏在战争实践中的智慧。西夏铜火炮的发现和确认，具有划时代的意义，它标志着世界战争史已经从冷兵器时代向火器时代过渡，世界文明的脚步向前迈进了一大步。

西夏地处丝绸之路交通要道，是东西方文化交融的必经之路，也是蒙古扩张势力的第一个打击对象。蒙古军队在与西夏、宋、金的战争中获取的铜火炮及火器制造技术，被广泛使用在蒙古的对外战争中。1220 年，成吉思汗在攻打中亚花拉子模的战争中，1274 年和 1281 年蒙古军队两次攻打日本的战争中，都使用了铜火炮。蒙古统一全国建立元朝后，把全国的火器制造工匠集中到京师，专门从事火器生产。随着蒙古人的西征和东西方的交往，火器经由中亚、西亚传入欧洲，对西方科学技术的发展产生了重大影响。

唐卡
行走的供养

唐卡的主要内容是藏传佛教绘画，一幅唐卡上，有中央本尊、上方空界和下方地界，本尊是信徒所供养的对象，空界是佛、菩萨的所在，地界是空行、护法或僧侣的所在。

唐卡是绘在布上或绢上装裱后悬挂供奉的宗教卷轴画，是藏族传统文化中独具特色的绘画艺术形式。藏族人全民信仰佛教，他们在辽阔的青藏高原游牧生活，迁徙不定，唐卡是他们可以随身携带，满足礼佛观修、积善祈愿等宗教生活需求的崇拜物。唐卡的主要内容是藏传佛教绘画，一幅唐卡上，有中央本尊、上方空界和下方地界，本尊是信徒所供养的对象，空界是佛、菩萨的所在，地界是空行、护法或僧侣的所在。唐卡通过图像语言，将复杂深奥的佛教哲学和神圣的佛教世界描绘出来，便于信徒修学。绘制唐卡的颜料是用珍贵稀有的金、银、珍珠、藏红花等天然矿物和植物原料制成，色泽鲜艳、历久弥新。唐卡内容还包含了藏族的历史、政治、

上乐金刚和金刚亥母坛城唐卡

西夏（1038—1227）
高65厘米，宽47厘米
武威市凉州区新华乡亥母洞石窟遗址出土

文化、艺术、医学、风俗等社会生活诸多领域的重要信息，被称为藏族的“百科全书”。

1985年，在武威市新华乡亥母洞石窟遗址中发现了三幅西夏时期的唐卡，均为绢底彩绘，金色和黑色勾边，天然矿物颜料填色，绘制精细，色彩鲜艳，内涵丰富。黑色丝绸装裱天头和地脚，黑色丝绸覆盖画面，简单实用。其绘画技法、绘画内容及装裱手法，融合了藏族、汉族和印度佛教艺术的特点，又兼具西夏的绘画艺术风格，具有鲜明的时代特征和民族特点，是特色鲜明的西夏藏传佛教艺术珍品。这三幅唐卡内容所传达的历史信息弥补了文献记载不足，具有重大历史研究价值。

坛城，梵文称曼荼罗，是密教本尊神及其眷属在神灵世界聚集和活动的场所，藏传密教修习者把坛城的内容绘制在唐卡上，方便携带，并在修习时观想膜拜。

上乐金刚和金刚亥母坛城唐卡，是以外圆内方的构图样式绘制的圆形坛城，中央本尊是位于方形坛城中心的上乐金刚和他的明妃金刚亥母。上乐金刚蓝色身相，四面十二臂，十二双手分别持鼓、斧、刀等标识物并拥抱金刚亥母。金刚亥母红色身相，一面二臂，左手持装满鲜血的颅钵并拥抱本尊，右手挥舞剥皮刀。两位主尊都头戴五骷髅头冠，颈上是人骨项链和人头编成的花环，腰系虎皮围腰，互相拥抱站立，一只脚踩在时阴女身上。方形坛城内环绕本尊的四个放射状同心圆中，依次安置四位一面四臂的空行母，她们都是金刚亥母的伴神；还有八对蓝色身相的双修神灵，象征身轮；八对黄色身的双修神灵，象征语轮；八对白色身相的双修神灵，象征意轮。方形坛城的四个大门和四个角落，分别安置鸦面女、枭面女、狗面女、猪面女等八位守护女神。方形坛城外围的同心圆中，是由各路神灵、高僧、云、树和各种动物组成的八大尸林。坛城外围的上方空界，安置三世佛、绿度母等佛，以及菩萨和四位上师。下方地界约有十五位护法，因唐卡残破，形象难辨。

上乐金刚是藏传佛教密宗中最重要的本尊神，他的蓝色身相，象征其智慧是无限顿悟；他的四张面孔，分别象征四种愿望和四种解脱；他发髻上装饰的交杵金刚，象征绝对的权力；他的十二双手臂，象征十二缘起支和十二往生。金刚亥母是上乐金刚的阴性佛母，是四大空行母之一，她的红色身相，象征着救度众生；一面二手，象征真实和知晓真实；左手拥抱本尊，象征大乐；右手挥舞剥皮刀，象征无碍智慧和断除误见。在两位神灵的双修图案中，上乐金刚，象征慈悲与解脱；金刚亥母，象征智慧。他们的拥抱之形，代表智慧与方便密不可分，彼此互利。

亥母洞石窟遗址发现的三幅西夏唐卡，均采用中心构图法，这是11—13世纪西夏唐卡中极为流行的一种构图方式，具有典型的印度波罗艺术风格。唐卡的尺幅虽然都不大，但画面内容丰富，人物形象众多，神态各异，内涵丰富。特别是这幅《上乐金刚和金刚亥母坛城唐卡》，在一张小小的画幅上，描绘了近百位佛、菩萨、护法及世俗人物，将神秘的神灵世界形象地表现出来。

文殊菩萨像唐卡

西夏（1038—1227）
高67厘米，宽46厘米
武威市凉州区新华乡亥母洞石窟遗址出土

文殊菩萨像唐卡，中央本尊文殊菩萨，黄色身相，头戴三叶冠，左肩饰莲花梵箧，右肩饰莲花宝剑，观自在坐于青鬃白狮驮负的莲座上，双手作说法印。本尊身边安置六位世俗人物，头顶上方左右是穿黄色袈裟的噶举派上师和戴红帽的萨迦派上师，左右胁下是白衣黑帽的长者和红色袈裟的僧人，双脚下是黄色须发的御狮武士和善财童子。本尊周围设置对称的27个方格，共安置诸佛、菩萨、护法和世俗人物28位。有五方如来、左手指日的大成就者毗缕波、头戴三叶宝冠的大成就者，有三世佛、双手交持铃杵的金刚萨埵、手持蓝色莲花散跏坐姿的绿度母、戴黄色冠帽的西夏上师、穿黄色袈裟的噶举派上师，有骑白象的普贤菩萨、骑狮子的文殊菩萨、三面八臂的顶髻尊胜佛母、黄色身相的八臂观音、绿色身相的佛母、戴五叶佛冠的四臂观音，还有马头金刚、多闻天王、一面三目二臂的持梃大黑天、一面四臂的班丹拉姆等六位护法，以及手持花茎的男供养僧人和女供养人。

安置在本尊文殊菩萨左胁的白衣黑帽长者形象非常独特，他有长长的须髯，戴黑色金边冠帽，穿白色交领长衫，系红色腰带，面向主尊站立，有头光。与此相似的画像，在黑水城、宁夏等地出土的西夏唐卡中还有很多，这应该是西夏绘画发展过程中形成的一种独特的程式。长者的装束与北宋时期文官画像的装束非常相似，显然是沿袭了唐宋以来的官员服饰。白衣黑帽长者作为主尊的胁侍出现在唐卡的重要位置上，而且绘有头光，能够获得如此的尊崇，可以肯定，他是西夏非常重要的人物，比如西夏王室的成员或高级官吏。长者所戴的黑色冠帽中间有一道金色的镶边，这是其他地方发现的冠帽样式中所没有的。这一独特之处，再加上西夏人崇尚白色的习俗，专家据此判断，唐卡中的白衣长者很有可能是西夏国王。

十一面观音像唐卡，中央本尊十一面观音，十一面四十二臂，赤足立于莲座上，裸上身着长裙，胸前双手合十，其余四十手呈放射状向外散射，手中各持莲花、宝镜、法轮等物，观音身体两侧装饰佛八宝。上方空界安置弥勒、释迦、燃灯、药师等七方佛，还有头戴三叶宝冠手举数珠或莲花的四臂观音、作说法印的莲卧观音，以及戴红帽骑花豹的萨迦派上师、着右袒红色僧衣骑花豹的上师等十九位神灵人物。下方地界安置八位护法和供养僧人，有三面六臂的马头金刚、黑色身相手持长剑的南方增长天王、红色身相手持金色宝塔的西方广目天王，以及两位跏趺坐的供养僧人。唐卡背面有墨书梵文咒语二十七组，与正面画像一一对应。

观音信仰在我国历史悠久，无论汉地还是藏地都极为盛行。《法华经》中记载，观世音菩萨于二十五圣众之中耳根圆通最为殊胜，当众生遭遇困难之时，只要诵念其名号，便能够即时观其音声，前往拯救。在藏传佛教中，观音往往以十一张面孔和多只手臂的形象出现，据说观音的十一个头是为了降服狂妄自大的十头罗刹鬼而化生。这幅唐卡中的十一面观音菩萨，慈祥端庄，神态内摄，十一张面孔各呈慈悲相、嗔怒相、忿怒相、寂静相等不同法相。她身披璎珞，服饰华丽优雅，胸前双手合十，立于莲花台上，四十二只手臂的配饰和手中的持物繁而不乱。这幅唐卡的绘画艺术水平很高，先用金线和黑线勾勒出人物框架和衣物线条，然后晕染填彩，整体画

十一面观音像唐卡

西夏（1038—1227）
高65厘米，宽47厘米
武威市凉州区新华乡亥母洞石窟遗址出土

风细腻，比例准确，线条流畅，色彩搭配运用得当，观音细长繁密的裙带表现得清晰生动，浓淡相宜的填色赋予了人物面部表情光影变化的效果，画面清远高雅，是难得的佛教绘画艺术佳作。

三幅唐卡表现的是不同本尊及相关藏传佛教的内容，但令人惊喜的是，在唐卡的重要位置都出现了藏传佛教萨迦派和噶举派的上师，这些人物形象的出现，传达出一个重要的历史信息，即西夏中后期藏传佛教兴盛，萨迦派和噶举派在西夏故地凉州的佛教传播和发展中占据重要地位。

西夏王室与藏传佛教噶举派的密切联系，在藏文文献中有较为详细的记载：早在西夏仁宗时期（1140—1193），皇帝就曾派使臣入藏延请他非常崇敬的藏传佛教噶玛噶举派创始人都松庆巴到西夏传法，都松庆巴派弟子格西藏索娃来到西夏传授藏传佛教的经义和仪轨，被尊为上师，极受宠信。西夏王室与萨迦派的联系，文献记载则非常少，亥母洞发现的西夏唐卡可以弥补文献记载的缺憾。三幅唐卡在本尊上方如此重要的位置安置了萨迦派上师和噶举派上师的画像，特别是在《文殊菩萨像唐卡》中，不但出现了红帽萨迦派上师，还出现了萨迦派非常尊崇的神灵二臂持梃大黑天和一面四臂的班丹拉姆，这些图像确凿无误地表明，西夏时期藏传佛教萨迦派的存在和重要性。

凉州是西夏辅郡，也是西夏在河西地区的佛教中心。唐末五代时期吐蕃曾统治凉州长达百年之久，吐蕃人信仰的藏传佛教在这里得以传播。西夏占据河西走廊后，凉州成为藏传佛教传入西夏和中原地区的前沿，唐卡以图像形式表明，藏传佛教萨迦派和噶举派在西夏境内广泛传播，并且占据重要地位。而这一时期正是中原佛教衰落，西藏佛教受到打击和迫害之时，藏传佛教在西夏的传播，既丰富了西夏佛教的内容，也使自身得以延续，为后来藏传佛教在西藏本土和中原地区的再次传播发挥了重要作用。萨迦派上师出现在唐卡的重要位置，也揭示了西夏时期藏传佛教萨迦派在凉州的传播发展，以及后来“凉州会盟”顺利进行的历史渊源。藏传佛教萨迦派在西夏故地的广泛传播，培养了深厚的信众基础，在后来大蒙古国统治西夏，以及统一西藏的过程中，驻扎凉州并管理西藏事务的蒙古西凉王阔端，利用西夏人和藏族人普遍信仰的藏传佛教为契机，成功地与西藏佛教领袖萨迦班智达进行了具有重大历史意义的“凉州会盟”，实现了大蒙古国对西藏的治理，从此西藏正式纳入中原王朝的行政管辖。

西夏瓷器

杂木河边的历史遗韵

塔儿湾瓷窑遗址中出土的西夏瓷器，以生活用具为主，器型有瓮、罐、扁壶、碗、盘等几十个种类；瓷器釉色丰富多样，白色釉瓷器最多；装饰技法以剔刻花最具特色。

塔儿湾西夏瓷窑遗址，位于武威城南 35 千米的古城乡上河村、杂木河上游南岸的山坡和台地上，因河中有覆钵形土塔，地名由此而来。据说在杂木河两岸的古城乡，历史上曾存在过“窑城”和“云城”两座城，河南岸的窑城专门负责烧造瓷器，河北岸的云城主要负责商业贸易和瓷器的批发销售。塔儿湾瓷窑遗址东西长约 500 米，南北宽 260 米。20 世纪 80 年代以来，这里先后发掘清理和征集到较为完整的各类西夏瓷器 280 多件。与瓷器同时出土的，还有匣钵、窑具支垫等瓷窑工具，大量瓷器残片，数以百计的汉、唐、宋、金等不同时代的铜货币，以及大量锈蚀的铁钱币等。从历次考古发现和出土器物来看，塔儿湾不仅是西夏时期一处规模较大的官办瓷窑遗址，还是一处较为繁盛的瓷器贸易市场。丰富多彩的塔儿湾西夏瓷器，不仅展示了西夏发达的瓷器制造水平，也充分体现了杂木河两岸曾经的车水马龙和盛世繁华。

塔儿湾瓷窑遗址中出土的西夏瓷器，以生活用具为主，器型有瓮、罐、扁壶、碗、盘等几十个种类；瓷器釉色丰富多样，白色釉瓷器最多；装饰技法以剔刻花最具特色。塔儿湾瓷器最突出的特点是体型硕大，白底绘花瓷器较为常见，还有少量瓷器上书写器物所有者的名字或者时间等，最为罕见和珍贵。

褐釉剔刻牡丹纹四系瓮，盘口，重唇，长束颈，纺锤形腹，矮圈足，颈部堆塑一圈绳纹，肩部粘贴四个宽带桥形系，下腹部有流口。黄白胎，内外通体施褐色釉。器物腹部用剔地法剔刻出两个对称的花瓣形开光，开光内剔刻出折枝牡丹花纹。肩部刮釉后形成一圈宽带纹，既是搭烧的连接处，又成为一种辅助装饰。剔刻出的白色胎地与褐色花卉色彩对比明显，纹饰凹凸有致，使主题纹饰有了浅浮雕的效果，更加突出和生动。剔刻刀法简练、朴拙、自然，无修饰之气。

开光是瓷器的一种装饰技法，在器物的显著部位留出各种形状的栏框，内部绘饰主题纹饰。这种方法借鉴于古建筑上的开窗，目的是为了使器物上的装饰变化多样，或突出某一种装饰纹样，犹如屋内开窗见光，故名。宋代吉州窑采用锦地开光绘画手法，主题突出，色彩鲜明，装饰效果明显；

褐釉剔刻牡丹纹四系瓮

西夏（1038—1227）
口径16.5厘米，底径16厘米，高57厘米
武威市凉州区古城乡塔儿湾瓷窑遗址出土

褐釉剔刻缠枝莲花纹瓷罐

西夏（1038—1227）

口径24厘米，底径16厘米，高48.5厘米

武威市凉州区古城乡塔儿湾瓷窑遗址出土

到了元代，青花釉里红瓷器上已经普遍使用开光技法；明清时期，瓷器上的开光装饰纹样更加丰富多彩。

褐釉剔刻缠枝莲花纹瓷罐，圆口，短颈，溜肩，鼓腹下收，平底，矮圈足。黄白胎褐釉，内外施釉，口沿刮釉，外壁施釉不到底，腹下部和足部露胎。用剔地法在腹部剔刻出一圈五朵缠枝西番莲花作为主题纹饰，莲花花瓣呈三角状隆起，花叶自然舒展。颈肩部剔刻出一圈卷草纹作为辅助纹饰，中间留出的褐色宽带作为分隔。整体画面布局疏朗，纹饰主次分明，线条舒畅豪放，凹凸感强，色彩对比鲜明。

以剔刻花为特色的装饰技法，是西夏瓷器最具特色的地方，这种技法始于北方的磁州窑，先用刀具在瓷器胚胎上刻画出装饰花纹的轮廓，再将花纹以外的部分剔除，使花纹隆起突出更加醒目。西夏人吸收了这一制瓷技法，并加以改进，施釉前先在瓷胎上施一层白色化妆土，剔刻以后的纹饰更加黑白分明。塔儿湾窑址中发现的多件剔刻花瓷器，体型硕大，构图丰富别致，剔刻技法简单粗犷，以随意自然的画风呈现意境之美。

黑釉剔刻牡丹花四系瓷罐，圆口，短颈，溜肩，鼓腹下收，平底，矮圈足，肩部粘贴四个宽带条形系。黄白胎黑釉，内外施釉，口沿刮釉，外壁施釉不到底，腹下部和足部露胎。主题纹饰是缠枝牡丹，用剔地法在器物腹部剔刻出一圈四朵盛开的缠枝牡丹花，花叶的脉络用阴刻线表现，肩部刻画一圈花草纹作为辅助纹饰。硕大夸张的花叶搭配浅细弯曲的脉络线条，让画面简单大气，自然而有生气。

黑釉剔刻牡丹花四系瓷罐

西夏（1038—1227）
口径22厘米，底径15厘米，高46厘米
武威市凉州区古城乡塔儿湾瓷窑遗址出土

缠枝牡丹花和缠枝西番莲花是西夏瓷器中常见的装饰纹样。牡丹花象征着富贵吉祥，自古以来深受中华各民族人民的喜爱。历代关于牡丹的诗词歌赋和绘画作品，以及民间民俗生活中的牡丹装饰图案，体现出牡丹在中华民族传统文化中的重要地位，也体现了人们重视牡丹的社会风气和崇尚富贵的文化内涵。西夏瓷器上的牡丹花，同样寄托着当时人们对美好生活的期盼和愿景。莲花具有出污泥而不染的品格，佛教中常以莲喻佛，是佛教信仰中的圣洁之花。西夏人崇信佛教，莲花纹饰出现在瓷器上，是西夏人宗教信仰和审美情趣的集中体现。

白釉黑彩花鸟纹六系瓷瓮，侈口卷唇，高束颈，平肩，鼓腹下垂，平底圈足，肩部粘贴六个宽带桥形系。白胎白釉褐色彩，口沿内部和器物外壁施白釉，施釉不到底，足部露胎。腹部的主题纹饰是天鹅与祥云，用褐色彩绘而成，十一只天鹅上下排列，在祥云之间向同一个方向展翅飞翔。器物的肩部利用六个系之间的空间，绘饰一圈牡丹花作为装饰。整体画面构图新颖，线条简洁明快，意境写意自然，寥寥数笔勾勒出天鹅逼真而生动的神态，动态感强且意趣盎然。天鹅被西夏党项族人称为天神之鸟，白天鹅象征着圣洁，寓意向往美好幸福，是西夏民族较为喜欢的一种图案。

西夏人崇尚白色，这一特点也体现在瓷器制造上。塔儿湾瓷器以白色釉为多，白色釉均施化妆土，这是因为西夏境内瓷土质量欠佳，瓷器胎色多呈现灰白色或浅黄色。为了克服这一缺陷，西夏白釉瓷均在瓷胎上先施化妆土，再施釉，这种方法也成为西夏白釉瓷独特的装饰技法。

白釉黑彩花鸟纹六系瓷瓮

西夏（1038—1227）
口径17厘米，底径17厘米，高55厘米
武威市凉州区古城乡塔儿湾瓷窑遗址出土

草书西夏文白釉褐彩缠枝莲纹瓷罐，圆口，短颈，溜肩，鼓腹下收，平底，矮圈足。黄白胎黄白釉，器物外壁施釉至下腹部。腹部用褐色彩绘主题纹饰缠枝西番莲花四朵，花瓣呈三角状隆起，花叶自然舒展，颈肩部绘一圈卷草纹。纹饰布局疏朗，线条简单朴拙，色彩对比明显。在器物的腹下部露胎处，有墨书西夏文草书二字，汉译为“卢五”，可能是工匠或器物主的姓名。

在瓷器上书写文字，是磁州窑的传统，西夏人活学活用，将自己民族的文字题写在瓷器上，使得塔儿湾西夏瓷器更具特色。塔儿湾出土的多件瓷器上都书写文字，有些是汉文，有些是西夏文。文字内容很丰富，有的器物上写着西夏文“斜毁、发酵有伤”的文字，表明该器物因质量问题报废了。有的器物上写着汉文“光定四年四月卅日郭善狗家瓮”，表明了瓷器的制作时间和器物主姓名。有的器物上写着西夏文“卢五”或汉文“郭卢”，表明该器物的制作工匠或器物主姓名。从这些文字内容来看，西夏时期塔儿湾瓷窑有专门管理和检验产品质量的机构和检验标准，存在质量问题的瓷器是不允许上市流通的；还有一些文字内容表明，当时的塔儿湾瓷窑已经有了私人定制业务。

白釉褐彩缠枝牡丹纹瓷瓮，侈口，束颈，溜肩，鼓腹下收，平底，矮圈足。颈部堆塑一圈绳纹，四系缺失，肩部残存粘贴痕迹。白胎白釉，器物外壁施釉至下腹部，足部露胎。腹部用褐色彩绘四朵缠枝牡丹花，花朵有的向上开放，有的自然下垂，线条舒朗流畅，意境大气豪放。

草书西夏文白釉褐彩缠枝莲纹瓷罐

西夏（1038—1227）
口径22厘米，底径15厘米，高46.5厘米
武威市凉州区古城乡塔儿湾瓷窑遗址出土

白釉褐彩缠枝牡丹纹瓷瓮

西夏（1038—1227）
口径16.5厘米，底径16厘米，高62厘米
武威市凉州区古城乡塔儿湾瓷窑遗址出土

将绘画技法运用到瓷器上，也是塔儿湾瓷器的独特之处，这是磁州窑瓷器工艺对西夏的影响。磁州窑创制的白地黑彩瓷，把制瓷工艺和传统书画艺术相结合，在器物上画上人物、山水、鸟兽、花卉等老百姓喜闻乐见的装饰图案，题材生动亲切，色彩对比强烈，深受人们喜爱。塔儿湾遗址发现多件各种器型的白地褐彩绘花瓷器，小件的经瓶、大件的瓮或罐等，都是在白色胎体上绘出褐色图案，题材是人们生活中常见的内容，画师用纯熟简练的笔触，朴拙粗犷的格调，概括出普通老百姓的生活情趣，画面简洁疏朗，清新随意自然，充满了民间生活气息。

扁壶是仅见于西夏瓷窑遗址中的一种器型，是西夏瓷器中的佼佼者，也是最具有代表性的西夏瓷器。它造型独特，工艺精巧，充分体现了游牧民族的马背生活特点和尚武好饮的豪爽性格，蕴含着丰厚的民族文化底蕴。西夏瓷扁壶由游牧民族盛水的皮囊演变而来，其最典型的特征是口圆而小，束颈，腹部扁圆且两侧带矮圈足，肩部有耳系。这样的器型是为了适应居无定所、经常迁徙的马背游牧生活而创制的。扁壶肩部的耳系和扁圆腹，是为了方便穿绳随身背挎或在马背上携带；腹部的矮圈足，一则是为了固定胎体，二则是为了放置平稳；小圆口塞紧后，壶中的酒、水等液体不容易洒漏。

武威塔儿湾瓷窑遗址和武威西夏墓葬中发现了多件瓷扁壶，体积小巧，通体施单色釉，釉色有酱釉、褐釉、绿釉、茶叶末釉等，造型简单素雅，

绿釉瓷扁壶

西夏（1038—1227）
口径2.5厘米，腹径9.5厘米，高12.5厘米
武威市凉州区古城乡塔儿湾瓷窑遗址出土

酱釉双系瓷扁壶

西夏（1038—1227）
口径5厘米，底径7.5厘米，高13厘米
武威市凉州区建国街出土

酱釉印花瓷扁壶

西夏（1038—1227）
口径2.8厘米，底径4.2厘米，高7.5厘米
武威市凉州区新华乡亥母洞遗址出土

豆绿釉四系瓷扁壶

西夏（1038—1227）
口径7厘米，底径18厘米，高20厘米
武威市凉州区针织厂出土

釉色光亮匀净。也有压印出花纹图案，或者以弦纹作为装饰的，微微凸起的纹饰线条像浅浮雕，增加了器物的质感。扁壶多为两系，也有四系的，一般体型较大，是为了加强携带时的牢固性。

建立西夏的主体民族党项羌族，很久以前就生活在苍茫辽阔的青藏高原上，他们以游牧为生，追逐水草、风餐露宿的马背生活是常态，扁壶形体轻便，口小、束颈、有耳，腹扁圆，正、反两面有矮圈足，既便于穿绳携带，又便于平稳放置，是西夏人用于盛装水、奶、酒等液体的生活实用器皿，具有鲜明的民族特色。

玉壶春瓶是宋瓷中具有时代特征的一种典型器物，流行地区广，沿用时间长。它的造型是从唐代寺院里的净水瓶演变而来，由左右两个对称的 S 形构成，器物的轮廓线是变化柔和的弧线，线条优美，具有很强的观赏性。宋代定型后不久，就从最初的一种装酒的实用器具，逐渐演变为观赏性的陈设瓷，历经宋、元、明、清、民国直至现代，成为中国瓷器造型中的一种典型器物。

塔儿湾出土的这件褐釉玉壶春瓶，撇口，细颈，垂腹，矮圈足。内外施釉，外壁施釉不到底，足部露胎。器物造型优美，颈部收束和腹部外放的 S 形弧线流畅干净，漆黑的釉色细腻光亮，玉质感强。与塔儿湾窑粗犷简单的瓷器相比，不失为一件难得的上乘之作。

褐釉玉壶春瓶

西夏（1038—1227）
口径6.5厘米，底径7.5厘米，高24厘米
武威市凉州区古城乡塔儿湾瓷窑遗址出土

褐白釉点彩纹碗

西夏（1038—1227）
口径18.7厘米，底径6.6厘米，高7.2厘米
武威市凉州区南营乡青嘴喇嘛湾出土

褐釉大瓷碗（一）

西夏（1038—1227）
口径35厘米，底径9.8厘米，高16.5厘米
武威市凉州区古城乡塔儿湾瓷窑遗址出土

褐釉大瓷碗（二）

西夏（1038—1227）
口径32厘米，底径10厘米，高12.5厘米
武威市凉州区古城乡塔儿湾瓷窑遗址出土

白釉大瓷碗

西夏（1038—1227）
口径35厘米，底径9.8厘米，高16.5厘米
武威市凉州区古城乡塔儿湾瓷窑遗址出土

白釉高足瓷碗

西夏（1038—1227）
口径11厘米，底径4.2厘米，高6.3厘米
武威市凉州区古城乡塔儿湾瓷窑遗址出土

瓷碗是塔儿湾窑出土最多的瓷器，多为敞口大碗，釉色以白色釉和褐色釉为主，也有少量双色釉碗，即在器物内壁和外壁分别施白色和褐色两种不同的釉。更为罕见的是一件双色釉碗，其白色内壁上又用褐色点彩构成菱形图案作装饰，既丰富了装饰内容，又展示了工匠的高超水平。

塔儿湾瓷碗几乎都具有西夏瓷器外壁施釉不到底的特点，碗的外壁均挂半釉，施釉较薄；白色釉瓷碗均采用先施化妆土、再施釉的装饰技法。同时，也具有西夏碗、盘等圈足器在制作工艺上“挖足过肩”的特点。因为碗、盘等器物是生活中的必备用品，社会需求量大，为了提高产量，塔儿湾窑也借鉴采用宋代北方窑中流行的顶碗覆烧技法。把碗、盘等小件瓷器叠摞起来，装进匣钵中入窑烧制，可充分利用窑炉空间，提高瓷器质量和装烧数量。顶碗覆烧的瓷器内底都会留有砂圈或涩圈，白釉瓷碗烧制时碗足底粘附的细砂，在与之叠摞的碗内底留下的痕迹称砂圈，砂圈与胎釉颜色相近，较少地影响白釉瓷的美观。黑釉和其他深色釉瓷碗烧制时，先刮掉碗内底的一圈釉，露出浅色胎体形成涩圈，以免顶碗覆烧时出现粘釉，涩圈的浅色与深色釉形成对比，增加了器物的装饰效果。

西夏瓷窑遗址发现的大量瓷器表明，西夏时期在瓷器烧制技术、器物造型、装饰技法等方面，都借鉴和吸收了北宋各个窑系瓷器的特点，同时又以粗放的大体量、简洁明快的装饰、极富民族特色的器型等特点，与中原瓷器形成了鲜明的对比，凸显出西北少数民族特有的民族文化内涵。

西夏银锭

西夏货币的代表实物

1987年9月，武威市东大街署东巷发现的一处西夏窖藏中出土了二十二枚西夏银锭，具有鲜明的时代特征。这些银锭，对于研究西夏银币铸造和流通情况，以及我国货币发展史具有重要价值。

西夏的商业贸易较为发达，其都城兴庆府（今宁夏银川）、内蒙古额济纳旗的黑水城，以及河西走廊的凉（今武威）、甘（今张掖）、瓜（今安西）、沙（今敦煌）等州城都是商业贸易繁荣的中心城镇。《西夏碑》中记载，武威“当四冲地，车辙马迹，辐辏交会，日有千数”，描绘了西夏辅郡凉州商业贸易的繁盛景象。西夏主要通过与宋、辽、金等国及其他民族之间的官市贸易、边境榷场贸易和民间贸易进行物资的买卖和交易，贸易中使用的货币以宋钱为主，也有少量西夏钱币和白银。

白银作为流通货币使用始于宋，当时宋朝的白银货币叫银锭，束腰形，正面刻有地名、用途、重量、官吏、匠人名称等，大小不一，重量不等。

西夏的白银主要是通过贸易及得到赏赐等方式获得，西夏向宋朝进贡马、牛、羊、毡毯、青盐、甘草等特产，获得宋朝的赏赐金器、白银、茶叶、丝绸等贵重物品。西夏自己也铸造银币，武威发现的西夏铭刻计量银锭表明，西夏在贸易中也使用银锭作为流通货币，并且有了银锭的计量、单位和审验管理机构。

1987 年 9 月，武威市东大街署东巷某处施工开挖地基时，在距离地表三米深处发现一处西夏窖藏，出土了一批珍贵的西夏金银器，这是新中国成立以来西夏考古的一次重大发现。这批文物中有二十二枚西夏银锭，形制与宋朝银锭相似，长条束腰形，大小、重量不一，最重的两千克，最轻的七百克。这些特征表明，这批银锭不是统一模铸，或者一次模铸，而是由不同机构多次模铸成形，用于在市面上流通的白银货币。银锭背面呈蜂窝状，有的正面素面无文，或只砸印数量不等的凹槽状痕迹，有的錾刻或砸印了文字和戳记符号，内容是关于银锭的重量、成色及经营银锭的店铺或者作坊等，这些文字和戳记，是银锭流通使用经历的重要信息记录。砸有“使正”“官正”戳记的，表明该银锭经过不同的官方审验机构审验。錾刻“行人某某”“某某秤”等，表明这是由专司银两称重人员经过称量，并证明银锭成色和重量。砸有“赵铺记”“夏家记”的戳记，表明西夏和宋、金王朝一样，也有专门经营银锭的作坊或店铺。錾刻“真花银一锭”“肆拾玖两捌钱”等银锭成色和重量的，表明西夏白银的炼制和成色已经有了统一的标准。这些西夏时期的银锭，对于研究我国货币发展史，特别是西

铭刻计量银锭（一）

西夏（1038—1227）
长13.5厘米，腰宽5.5厘米，厚2.3厘米，重2000克
武威市东大街署东巷出土

铭刻计量银锭（二）

西夏（1038—1227）
长11厘米，腰宽4.7厘米，厚1.6厘米，重950克
武威市东大街署东巷出土

夏货币的流通，以及对研究西夏经营货币的机构和货币衡制，提供了珍贵的实物资料。

银锭（一），正面錾刻三行铭文，内容是银锭的重量和官方管理机构名称。右起第一行："四十六两六钱四铢。"第二行："□運司。"第三行："弍拾伍两壹钱。"

银锭（二），正面錾刻三行铭文，右边两行錾刻的是银锭两个不同的重量，一个是"四十九两八钱"，另一个是"五十两六钱"；左边一行内容为"行人任应和、窦献成秤"，是银锭称量人的姓名。

西夏银锭中錾刻铭文的共有十枚，大多都自铭重量。这十枚银锭的大小、厚薄、规格都不一样，重量也各不相同，大致分两种，一种是五十两左右的，一种是二十五两左右的。银锭上錾刻的表明重量的铭文都是手写体，字体也大小不一，有的潦草，有的较为工整。有三枚银锭上还錾刻了两个不同的重量，可能是先后称量过两次，第一次的称量和錾刻记录有误差，后来经过重新称量校正后又补刻记录，其中一枚的两次称量出入非常大，一个是"四十六两六钱四铢"，另一个是"弍拾五两一钱"，从这枚银锭的大小、规格和实际重量来看，后一个重量符合实际情况。这些现象都表明，当时西夏社会上流通的银锭规格至少有两种，一种是五十两，一种是二十五两。但是银锭是由私人店铺铸造的，还没有形成严格统一的铸造标准和规范，称重计量还存在误差，银锭在监制、审验过程中还存在诸多问题。

铭刻计量银锭（三）

西夏（1038—1227）
长14厘米，腰宽5.5厘米，厚2厘米，重1950克
武威市东大街署东巷出土

铭刻计量银锭（四）

西夏（1038—1227）
长13.7厘米，腰宽5厘米，厚2.5厘米，重2000克
武威市东大街署东巷出土

银锭（三），正面錾刻三行铭文，内容是银锭成色、数量和符号。右边起第一行："真花银壹锭。"第二行："伍拾两一钱。"第三行是两组符号。

银锭（四），正面錾刻一行铭文，是反映银锭成色的内容"真花银一锭"，楷书字体，工整规范。

宋朝银锭上也经常出现"真花银""真光银"等表示银锭成色的字样。西夏白银成色铭文的出现，说明白银的炼制和成色在当时已经有了一定的

铭刻计量银锭（五）

西夏（1038—1227）
长15.3厘米，腰宽5.4厘米，厚1.7厘米，重2000克
武威市东大街署东巷出土

铭刻计量银锭（六）

西夏（1038—1227）
长14厘米，腰宽4.8厘米，厚2.2厘米，重1000克
武威市东大街署东巷出土

标准和要求，有利于在商业支付中形成公平的折耗，为买卖双方提供标准。

银锭（五），正面两行铭文，右起第一行錾刻官方审验机构名称“使正”，楷书大字；左边砸印银锭作坊名称“夏家记”，楷书，字体小而工整。

银锭（六），正面錾刻三行铭文，内容都是官方审验机构的名称“官正”，或“□□壬□□官正”。

“使正”和“官正”都是银锭官方审验机构的名称，在山西发现的金

铭刻计量银锭（七）

西夏（1038—1227）
长14厘米，腰宽5.5厘米，厚2.4厘米，重2000克
武威市东大街署东巷出土

铭刻计量银锭（八）

西夏（1038—1227）
长14厘米，腰宽5厘米，厚2厘米，重1900克
武威市东大街署东巷出土

朝银锭上也出现过“使正”戳记，考古学家认为这种文字戳记是银锭官方审验机构审验后砸印上去的。西夏银锭上砸印“使正”戳记的共两枚，砸印“官正”戳记的一枚，表明西夏在银锭制作、发行和流通过程中的管理模式和职官设置，与金朝的货币制度有相似之处。

银锭（七），正面錾刻两行铭文，内容是银锭称量人的姓名和银锭的重量，右起第一行为“肆拾玖两捌钱”，第二行为“行人裴元、宋琦秤”。

西夏银锭上大多都錾刻“行人某某”“某某秤”“秤子某某”等内容，与宋、金王朝银锭上的铭文相同，分别表示银业行会中人员和专司银两称重人员的身份和姓名，表明与宋朝并存的金、西夏等政权，在银币流通过程中的政府管理机构和管理制度基本一致。西夏银锭上，这类人员的姓名和身份往往都錾刻在银锭计量铭文的后面，以视其对银锭成色、重量等承担责任。

银锭（八），正面錾刻铭文四行，内容有时间、称量人姓名、银锭作坊等。右起第一行：“……廿二日辰□□□。”第二行：“赵铺记，肆拾玖两捌钱足。”第三行：“行人□□□秤子杨□□。”第四行：“赵铺记。”

西夏银锭上出现了“夏家记”“赵铺记”等银锭作坊的名称，这一点与宋、金王朝银锭上砸印的戳记较为相似，说明这一时期白银广泛使用，银铺业蓬勃发展，社会上金银店铺兴起，西夏也与宋、金一样出现了专门经营银锭的作坊或店铺。

西夏银锭有两枚正面都錾刻了铸造或流通时间，这一点也和宋、金一样。

西夏境内有少量金银矿，西夏人已经掌握了冶炼锻铸金银器的技术。西夏统治者设立专门的“金银工人院”，负责为官方冶炼金银和打造金银器。《西夏法典》中还设立了《金银损耗法》，明确规定熔铸金银器耗减的数量。由于当时的白银稀有珍贵，不易获得，西夏的白银主要是用于赏赐军功。西夏文献记载，对于在战争中立下大功、奇功的将士，除了升职外，还会奖赏“百两银碗”“十两金腰带”等珍贵物品，以及按功劳大小赏赐不同重量的银两。

西夏金器

精美奢华 窥之一斑

武威出土的西夏金器，色泽赤黄，含金量高，制作工艺精湛，造型图案别致，色彩绚丽夺目，不禁让人们感叹古代工匠高超的技艺。

西夏金银器的生产主要出现在其建国以后，随着经济的发展，以及与周边民族特别是中原汉族交流的不断深入，西夏贵族们对各种生活用品的奢求也强烈起来，稀有、贵重而且精美的金银器成为西夏统治阶层表明身份地位、赏赐军功、朝贡交聘的重要物品。20 世纪 50 年代以来，在内蒙古、宁夏等西夏故地先后发现金佛、金碗、金盏托、金指剔等珍贵的西夏金器。1987 年 9 月，武威市东大街署东巷某处施工开挖地基时，发现了一座西夏窖藏，出土金银器和钱币等西夏文物 30 多件，其中金碗、金盏、金耳饰等金器制作精美。从目前已发现的西夏金器的造型、制作工艺和装饰纹样可以看出，西夏金器制作在继承唐、宋中原汉族传统工艺的同时，也受到辽、

刻花折枝牡丹纹金盏

西夏（1038—1227）
口径9厘米，底径3厘米，高4.5厘米，重150克
武威市东大街署东巷出土

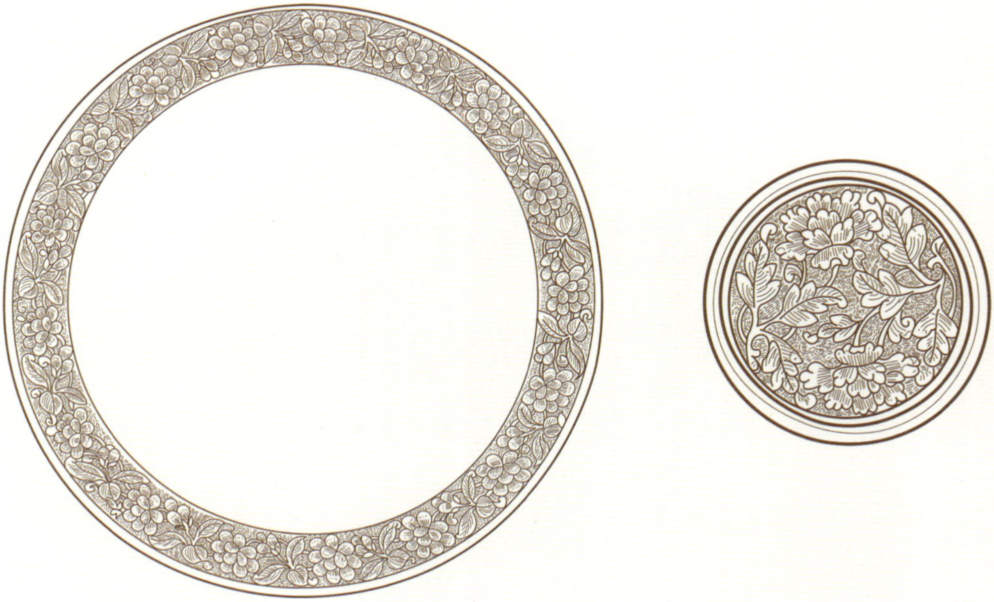

刻花折枝牡丹纹金盏纹饰

金、回鹘等少数民族文化的影响，金银器皿在反映西夏本民族文化与中原文化、西域文化之间交流融合发展的同时，集中体现了党项贵族的奢华生活。

刻花折枝牡丹纹金盏，侈口，唇沿内卷，深直腹，圆底。器物外壁通体素面，内口沿錾刻一圈缠枝牡丹花纹，花卉纹饰细密精致。内底心錾刻两朵对称的折枝牡丹，花叶茂盛，相互交错，构成繁花似锦的团花图案，团花周围装饰三道弦纹，整体布局严谨周密，自然和谐。金盏造型简单大方，胎体均匀细薄，线条流畅自然，纹饰刻画细腻精致，体现出高超的铸造和錾刻工艺水平。

刻花折枝牡丹纹金碗

西夏（1038—1227）
口径9.7厘米，底径5.2厘米，高3.5厘米，重200克
武威市东大街署东巷出土

刻花折枝牡丹纹金碗纹饰

刻花折枝牡丹纹金碗，直圆口，直腹，圆底。器物外壁口沿处錾刻一圈连续忍冬纹饰，疏朗流畅，素雅大方。内底心錾刻纹饰较为繁复，在直径3.3厘米的范围内共有两组纹饰，中间的主题纹饰是由牡丹、莲花、莲蓬、莲叶和海棠花组成的一组团花图案，外围又錾刻一圈缠枝海棠。在狭小的空间内，设计安排了诸多花卉，画面内容丰富，但构图却疏密相间，杂而不乱，刻画精细。牡丹花和海棠花的花蕊，莲蓬上的莲子，花叶上的脉络，皆清晰可见，花茎自然弯曲着，硕大的莲叶倾斜着，花朵仿佛在风中摇曳生姿，充满动感，栩栩如生。纹饰的空隙之间，密密麻麻錾刻了细小的圆点和线条做装饰，使花叶有了浅浮雕的效果。金碗造型简洁朴实，錾刻技法高超精湛，纹饰刻画细腻生动。

穿绿松石金耳链

西夏（1038—1227）
长11.5厘米，重23克
武威市东大街署东巷出土

穿绿松石金耳链，两对，金丝制成，绿松石和白珍珠装饰。将拉细的金丝一端旋转弯曲拧成弹簧的形状，另一端弯曲成圆环状，中间穿蓝色绿松石和白色珍珠。色彩艳丽，古朴美观，呈现出浓郁的少数民族配饰的风格。做工看似粗放，但弯曲成弹簧形状的金丝部分，粗细均匀，拧旋规整紧密，表现出制作工艺之精细。

穿绿松石金耳环，一对，金丝制成，绿松石装饰。金丝拉细，一端略粗呈弯钩，一端尖细拧成环状，中间穿饰绿松石。造型简单素朴。

穿绿松石金耳环

西夏（1038—1227）
长6厘米，重20克
武威市东大街署东巷出土

长柄金撮

西夏（1038—1227）
长37厘米，宽0.9厘米，勺径0.8厘米，重95克
武威市东大街署东巷出土

长柄金撮，长条形，一面平整，另一面有突出的棱脊。器物从一端到另一端逐渐由宽变细，宽的一端头部是小勺子形状，颈部为螺旋形。该器物造型奇巧独特，世所罕见，形似古代的量器“撮”，故专家定名为“长柄金撮”。

“撮”是我国古代的一种计量单位，用来计量药量。古人曾以拇指、食指、中指三指抓物作为计量，称“三指为撮”。王莽建立新朝后，为了统一度量衡，命大臣刘歆制成王莽量器百余套颁行天下，“撮”即是其中之一。存世的汉代铜撮似圆勺，有长柄，其容量约为今天的 2.5 毫升。

西夏地处我国西北内陆，境内金属矿藏资源相对缺乏，其统治者常常通过岁赐或者贸易手段获得宋朝的金银、丝绸等贵重物品来满足对奢侈品的欲望。西夏的冶金铸造业颇为发达，其金银器制作技术也来源于宋朝。西夏的官方机构“文思院”，专门负责掌管金银犀玉等贵重物品的制造，以满足统治阶级奢侈豪华生活的需要。西夏法典《天盛律令》中不但记载了金银器冶炼和锻造的损耗等规定，还记载了西夏金银器的多种制作工艺，如铸锻、锤揲、錾刻、铆合、焊接、模压、掐丝、抛光等。

武威出土的西夏金器，色泽赤黄，含金量高，制作工艺精巧。金碗、金耳饰等器物的制作中，使用了锤揲、錾刻、抛光、掐丝、镶嵌等多种工艺。金碗的制作，首先要锤揲成型，然后錾刻纹饰，最后抛光。锤揲工艺是由西亚传入我国的金属制作工艺，主要用于金银器的成型制作，是利用金、银质地比较柔软、延展性强的特点，用锤敲打使之延伸、展开并形成各种形状和纹饰。錾刻也称雕刻，是在成型的器物上刻画纹饰的深度加工，用锋利的錾刀在器物上刻出花纹，或者是将花纹周围的金银錾刻掉，形成浮雕的效果。武威西夏金碗，造型精巧，表面光洁，厚薄均匀，纹饰线条纤细流畅，做工精细。两种款式的金耳链则使用了掐丝和镶嵌工艺，先将黄金捶打成薄片，再剪成细条，慢慢扭搓成丝，然后将金丝旋转弯曲拧成需要的形状，中间穿嵌绿松石和珍珠作为装饰。

由于材质昂贵、制作工艺复杂，存世的西夏黄金器皿数量很少。为数不多的西夏金器，制作工艺精湛，造型图案别致，色彩绚丽夺目，让人们在感叹古代工匠高超技艺的同时，也联想到西夏统治者的豪华和奢侈。

木缘塔

丧葬习俗的缩影

木缘塔作为西夏党项羌族丧葬习俗中具有代表性的葬具，融灵柩、佛经咒语、佛塔为一体，为研究西夏葬俗、绘画艺术、宗教信仰等提供了珍贵资料。

武威城西的儿童公园，原来是武威的西郊林场，1977 年，在这里发现了两座有“西夏天庆年”明确纪年的西夏墓葬，在文博和考古研究领域引起了轰动。两座墓相距约 10 米，均为小型单室砖墓，墓中出土了 31 块彩绘木板画和 4 座彩绘木缘塔等文物，是西夏墓葬中的首次发现，为研究西夏葬俗、绘画艺术、宗教信仰等提供了的珍贵资料，特别是西夏葬具木缘塔，融灵柩、佛经咒语、佛塔为一体，对研究西夏文化有着极为特殊的意义。

在 4 座木缘塔中保存最为完整的是 2 号墓葬中出土的一座八角形木缘塔，通高 76 厘米，由塔座、塔身、塔顶和塔刹 4 部分组成，呈四级八角形。塔身用 8 块大小相同的长方形木板拼合成八棱柱状，木板合缝处用长方形

木缘塔

西夏（1038—1227）
通高76厘米，底径45厘米
武威市西郊林场西夏墓出土

铁片固定。塔身外壁涂蓝底色，上面用黄色颜料书写梵文陀罗尼和汉文陀罗尼，内容为“一切如来咒”“一切如来百字咒”“药师琉璃光王佛咒”“圣□光天母心咒”“归依三宝咒”“圣无量寿一百八□陀罗尼咒”等。塔顶由 8 块弯曲的梯形木板拼合成伞盖状，每块木板之间有木条勾连粘接。8 块木板外壁均以红、蓝两色打底，红、白、蓝三色绘饰图案，上、下两层图案是白色勾边、蓝色填图的祥云，中层图案是白色圆圈中间书写红色梵文字母。塔刹为相轮形，由大小不等、寓意佛教轮回的圆环串联而成，平台式刹座上面绘饰卷草纹。塔座为简化的金刚须弥座，外壁涂红色。木缘塔塔顶内壁书写题记：“故考妣西经略司都案刘德仁，寿六旬有八，于天庆五年岁次戊午四月十六日亡殁，至天庆七年岁次庚辰十五日兴工建缘塔，至中秋十三日入课讫。”从题记可知墓葬的主人、身份和埋葬的年代。

死生之事，人生之大事。在中国古代，每个民族都重视丧葬，西夏党项羌族也不例外。西夏的丧葬习俗，继承了党项族的古老传统，同时又受到周边各个民族的影响，形成了形式多样、独具特色的丧葬文化。西夏的丧葬形式有水葬、火葬、天葬、土葬、塔葬等多种，包含了不同民族和文化的因素。

水葬是党项羌族在特殊时期采取的一种丧葬方式。《西夏事略》《太平御览》等文献记载，因为战事频繁，居无定所，党项首领李继迁采用水葬这种特殊的方式埋葬先祖。“（继迁）寻葬其祖于红石峡（今陕西榆林境内），障水别流，凿石为穴，既葬，引水其上，后人莫知其处。”李继迁的水葬方式，不同于古代的“投尸水中”或者“撒骨灰于水中”，而是将尸体埋藏在河水下的石棺中，隐秘不为人知。

天葬是党项族对殉情男女采取的一种特殊的丧葬仪式。《西夏纪事本末》记载，党项族青年男女相爱至深，会选择到山上殉情。死者双方的亲属不以为怪，将他们的尸体用彩缯包裹，再裹上毛毡，缠上草束，杀牛设祭，然后“择峻岭，架木为高丈，呼为女栅，迁尸于上，云于飞升天也”。双方亲属则击鼓饮酒，数日而散。西夏谚语中还提到另一种天葬形式，叫作“列置尸场除手足”，是指将死者碎尸后抛给飞鸟吃，认为鸟儿把尸肉吃了，人的灵魂才能升天。这种葬俗与古代羌人的习惯相同。

塔葬是西夏敬仰佛教高僧的一种方式，是印度佛教葬俗的反映。西夏人信仰佛教，敬仰佛教高僧。高僧圆寂时端坐台上，尸体不火化，也不用葬具，而是修塔供养尸骨。这是一种高等级的丧葬方式，表示对佛教高僧的崇敬。内蒙古黑水城遗址发现的一座藏式覆钵式塔，就是埋葬供养佛教高僧的一座塔墓。

石窟葬也是西夏佛教僧侣的一种安葬形式。甘肃永昌县花大门石刻塔群，是凿刻在山体崖壁上的形式更为独特的西夏僧侣瘗窟群。山体长约500米，崖面上雕刻有50余座藏式佛塔，大小不一，造型各异，以覆钵式喇嘛塔为多，腹部开龛的石刻塔，就是安葬僧侣的舍利塔。永昌县是西夏故地，境内西夏遗存非常丰富，类似的石刻塔群，在县城周边的山崖上多有存在，但是在国内却是唯一仅存的。

西夏小木棺

火葬是西夏境内普遍流行的丧葬形式，源于古代羌人。古羌族的火葬有极其久远的历史，《庄子》载："羌人死，燔而扬其灰。"《荀子·大略篇》载："氐羌之虏也，不忧其系垒也，而忧其不焚也。"《后汉书》也记载了羌人"死则焚其尸"。直到解放前，在四川的羌族地区依然盛行火葬。西夏党项羌族也沿袭了古羌族这一便捷、经济的丧葬习俗。《旧唐书·党项传》记载，党项羌族"死则焚尸，名为火葬"。党项羌族的火葬习俗是，人死后将尸体火化，把骨灰装到葬具中，名为"灵匣"，然后把灵匣埋入墓中。武威考古发现的西夏葬具"灵匣"形式多样，除了木缘塔外，还有平民百姓普遍使用的小木棺、小木瓶、小瓷瓶等。

土葬是党项羌族吸收借鉴汉族传统的一种丧葬形式。《续资治通鉴长编》中记载，早在西夏建国之前，西夏王朝的开创者李继迁为了逃脱宋朝的羁绊，“伪称乳母死，出葬郊外，以兵甲置棺中”，带领部族出逃。李继迁埋葬乳母的方式就是汉族流行的土葬。党项羌族迁居内地，特别是建国以后，用来安葬西夏皇族的形式，也是土葬。宁夏银川的西夏王陵，就是仿效唐、宋帝王陵寝修建的规模宏大的西夏皇家陵园。

从武威发现的多座西夏墓葬可以看出，西夏多流行小型火葬墓，其中又包含有土葬、棺葬、塔葬的成分。火葬的葬具也多种多样，有八边形的木缘塔、六边形的木缘塔，还有小木棺、小木瓶和瓷质的灵骨瓶等各种形状的“灵匣”。墓葬中的随葬器物数量、品种不一，有瓷质或木质的明器，有钱币和木板买地券，最有特色的墓葬明器当属以现实生活中的人物、动物形象及生活场景为主要内容的彩绘木板画。

西夏党项羌族的丧葬礼仪，有些是吸收了汉族的葬俗和观念，例如在埋葬死者时，要给死者穿上高级漂亮的衣服。《马可·波罗游记》中详细记载了党项羌族较为独特的一种丧葬礼仪：敦煌地区的西夏遗民多信仰佛教，流行焚尸之俗。焚尸前，先要建一座木屋放置灵柩，每天供奉酒肉美食，让死者享受生前所享受的一切。焚尸时，亲属预备的纸人、纸马、纸骆驼、纸钱等一并焚烧，意在让死者在另一个世界也有仆人侍奉，有牲畜和钱财享用。焚尸的日期须是由星相术士选择的吉日，若吉日未到，则要停尸家中，每日陈食于灵柩前。

从武威西郊林场 2 号墓出土的木缘塔塔顶题记来看，该墓主人停尸长达两年之久，说明这种独特的丧葬形式在西夏时期的武威、敦煌等河西地区十分流行。

西夏的葬俗，形式多样，有本民族的特色，也深受周边各民族丧葬风俗的影响，表现出多民族、多元文化因素的特征，是西夏文化的一个缩影。

木板画

事死如生 事亡如存

木板画作为陪葬器物出现在墓葬中，有替代墓室壁画的作用，其以现实生活中的人物、动物形象及生活场景为题材，真实反映了西夏人的相貌、发式、服饰、丧葬习俗和西夏社会现状，独具特色。

《荀子·礼论》载：“事死如生，事亡如存。”古人认为，人死之后在另一个世界仍然可以过上类似人间的生活，因此逝者墓葬中的随葬器物均应仿照人世间，少数民族也不例外。武威考古发现的西夏木板画，就是这种认知的真实写照。

1977年，武威西郊林场发现的两座西夏墓葬中出土了31块彩绘木板画。这些木板画用当地所产的杨木制作，呈大小不等的长方形，虽然画幅不大，但绘制得却很精致。其以中国传统的线描法为基础，选用现实生活中的人物、动物形象和生活场景为题材，用简单的线条和色彩勾勒描绘出的小小画面，却真实地反映了西夏党项羌族的相貌、发式和服饰特征。木板画多以红、黄、赭等暖色来表现人物服饰，特别是红色的使用较为普遍，说明现实社会中西夏人的服饰崇尚红色。元代诗人马祖常《河西歌效长吉体》诗中，就有生动表现西夏女子发式和服饰的诗句：“贺兰山下河西地，女郎十八梳高髻。茜根染衣光如霞，却召瞿昙作夫婿。”高发髻是西夏女子流行的发式，而红色的衣裳是用茜草根调制成的染料染成的，色泽光亮如霞。茜草是多年生草本植物，普遍生长于原野、山地的林边、灌木丛中，是成本低廉的染色原料。

木板画作为陪葬器物出现在西夏墓葬中，有替代墓室壁画的作用，内容都是仿照墓主人生前生活场景所绘制，有不同性别、年龄、身份的人物，也有各种动物，还有专属地府世界的神祇等。木板画“蒿里老人”“三足乌”和“双首龙”等内容，寓意鲜明地表达了墓主人祈愿死后升天，过上舒适安定生活的简单朴素的愿望。木板画呈现的内容大多表现了处于西夏社会底层普通老百姓的生活，是目前发现的形式独特、独一无二的西夏社会图像资料，真实反映了西夏人的发式、服饰、丧葬习俗和西夏社会生活现状。

蒿里老人木板画，杨木质，竖长方形，正面彩绘文官形象的丘墓之神“蒿里老人”。人物立姿，头戴黑色尖顶高冠，内穿圆领衫，外穿宽松的交领长衫，腰间系黑色束带，脚穿黑靴，手持竹杖，形象庄重。木板侧面墨书“蒿里老人”字样。

“蒿里”在古代中国被视为“死人里”，东汉晚期以来成为“冥府”的代称。古代挽歌中常称人死后魂魄归宿为“蒿里”，如两汉时期的乐府

蒿里老人木板画

西夏（1038—1227）
高28厘米，宽10.5厘米
武威市西郊林场西夏墓出土

诗《蒿里》："蒿里谁家地，聚敛精魄无贤愚。鬼伯一何相催促，人命不得少踟蹰。""蒿里老人"是中国古代冥界中的神祇之一。古人认为，地下世界是与人间社会相似的另一个世界，冥界也有一套像人间社会一样的管理机构，"蒿里老人"就是冥界中"保护亡魂安稳，荫佑生人平安"的管理者。该木板画内容所表现的即是这一神祇的珍贵图像。

武威西郊林场西夏墓出土了6块武士木板画，长15.5 ~ 17厘米，宽6.5 ~ 9厘米。正面彩绘人物为现实生活中的西夏武士形象。武士立姿，头戴毡盔，盔顶有红结绶。身穿重甲红色宽袖战袍，肩披掩膊，红色束腰，腰垂蹀躞，脚穿云头靴。武士有的双手抱拳，有的手持宝剑、金刚杵、月牙铲等不同的兵器。面庞皆红色，有的还是大胡子大鼻头的胡人形象，威武刚健。其中一块背面墨书"南陌人呼北陌人"的题记。

南陌、北陌是我国古代墓葬中用来镇墓的神煞武将，他们的职责是把守冥府关口道路，震慑恶鬼，保证墓主人阴宅安全。木板画中的南陌、

武士木板画

西夏（1038—1227）
长17厘米，宽8.8厘米
武威市西郊林场西夏墓出土

北陌，摆脱了以往镇墓神煞的狰狞怪异，是现实生活中勇武有力、器宇轩昂的武士形象，他们的服饰是文献记载中西夏武官服饰的真实再现。

西夏对文武官员的服饰有明确的规定，《续资治通鉴长编》记载："官分文武，文官则鞋、笏、幞头。武职则冠金贴镂冠、绯衣、金涂银黑束带，佩蹀躞，穿靴；或金贴纸冠，间起云银贴纸冠。"木板画中西夏武士头顶的冠帽和腰间的蹀躞，具有浓厚的党项民族的特点，这种装束在西夏皇帝的画像中也常见，表现出党项人崇尚武德的民族精神。史书记载，西夏开国皇帝李元昊喜欢穿白色衣服，即使当了皇帝，也经常"衣白窄衫，毡冠红里，冠顶后垂结红绶"。敦煌莫高窟第 409 窟东壁壁画中的供养人西夏国王，也是头戴白毡尖顶高冠，冠缨结于颔下，身穿圆领窄袖团龙袍，腰束白革带，带上系蹀躞七事，足穿白毡鞋。蹀躞是一种功能性腰带，上面悬挂短刀、解锥、弓矢等物品。武威西夏墓葬中还发现过铜制带环的剔指、挖耳勺等配饰，应该是蹀躞上悬挂的物品。这些考古发现不但丰富了西夏服饰的内容，也间接地证实和补充了文献记载的不足。

牵马图木板画，正面彩绘一党项族男子牵马奔跑的形象。牵马男子是典型的党项族发式，头顶秃发，鬓角头发剪短向两边飞翘，余发辫结披垂在肩上。身穿绿色交领长衫，束黑色腰带，脚穿白色长筒毡靴。他站在马头内侧，全神贯注地注视着马的动向，左手勒马，右手执鞭，不慌不忙，迈着大步，在马的前面奔跑，控制着手中的骏马。画面中的枣红色骏马，身上备着马鞍，脖子上挂着铃铛，昂首扬尾，四蹄奋起，呈现出奔跑的态势。

牵马图木板画

西夏（1038—1227）
长14厘米，宽8厘米
武威市西郊林场西夏墓出土

整个画面生动热烈，极具感染力。木板背面墨书“大六”二字。

西夏男子的发式，是党项羌族与其他民族在形象上的最重要区别。西夏建国初期，李元昊为了突出本民族特征，下秃发令，强制国内男子秃发，“三日不从，许众共杀之”，他率先垂范，带头秃发。我国古代少数民族中有秃发习俗的，除了党项羌族之外，建立辽国的契丹族也秃发。契丹族的秃发，是沿袭了他们民族古老的传统习俗。党项族发源于古老的羌族，羌人习惯“披发左衽”，他们的传统发式是披发，与鲜卑吐谷浑交往后，

五男侍木板画

西夏（1038—1227）
长21.5厘米，宽12厘米
武威市西郊林场西夏墓出土

又接受了鲜卑族辫发的习俗。李元昊建国初期的秃发，是为了标新立异，突出民族特点的一个手段，显然带有某种政治意义。

五男侍木板画，正面彩绘5个男侍从形象。男子立姿，个头很高，体态多魁梧。方圆脸，高鼻梁，留胡须，面色多赤红，秃发。穿圆领或交领窄袖长衫，长衫颜色有青、绿、红、褐等。有的拱手佩剑，有的拱手背包袱，有的怀中抱着大盘，有的双手举着痰盂，有的拱手肩上搭着毛巾，态度顺从，表情肃然。

西夏党项族迁徙以前，曾是生活在青藏高原上的古老民族羌族的一部分，他们的很多习惯，如戴毡帽、穿毛织布衣（褐衫）或皮袄等，都与藏族牧民的装束相似。西夏建国以后，仍然以畜牧业为主要的生产和生活方式，因此党项族的服饰习惯和生活习俗在西夏男子身上保留的痕迹更为明显，如秃发、耳垂重环、戴各式毡冠、垂蹀躞等。1990 年，武威市西郊西夏墓葬中还出土过一件五男侍木板画，正面墨绘五个男子的形象，都是高颧骨，高鼻梁，头顶秃发，两鬓角各飘垂一绺散发，其余头发辫垂于脑后。五人都身穿圆领窄袖束腰长袍，双手握举胸前。

党项族人的肤色是赤红色，可能是因为长期在高原生活所致。关于这一点，西夏文学作品中多有表现。西夏诗歌中记载："黔首石城漠水畔，红脸祖坟白河上，高弥药国在彼方……"诗歌中的"黔首、红脸、弥药"都是党项人的自称。西夏碑文中也提到"赤面……"，西夏党项族认为，白河是他们祖先的发祥地，因此党项族，特别是西夏统治者崇尚白色，这种信仰在党项贵族的服饰上也得到体现和延续。

五女侍木板画，正面彩绘五个侍女形象。女子立姿，身穿红色和青绿色窄袖长衫，前 4 人个子较高，梳高发髻，最后一人较矮小，披散着头发。其中 3 人手中分别拿着奁盒、拂尘、托盘等物，一人提着包袱，一人肩上搭着长长的浴巾。整个画面表现的是侍女服侍主人沐浴更衣的场景。

西夏女子无论贵贱，大多流行梳高发髻，这是受回鹘传统的影响。元代诗人马祖常《河西歌效长吉体》诗中描述的"贺兰山下河西地，女郎

五女侍木板画

西夏（1038—1227）
长21.5厘米，宽11.5厘米
武威市西郊林场西夏墓出土

十八梳高髻”，反映的正是西夏女子常见的发式。1990 年，武威市西郊西夏墓葬中出土的一件小木棺的帮壁上，残存着两个墨绘的党项女子画像。女子高颧骨，高鼻梁，梳着桃形的高发髻，身穿交领束袖衫，双手合十于胸前。从发髻上较为别致的装饰来看，她们的身份可能不同于一般的平民或者侍女。莫高窟和榆林窟壁画中，常见西夏贵族女供养人，她们的高发髻上常见莲花形、桃形等冠，冠上有金珠装饰，冠后插花钗，显得格外华丽、高贵。五女侍木板画中表现的是身份低下的婢女形象，她们也梳高发

童子木板画

西夏（1038—1227）
长15.5，宽7厘米
武威市西郊林场西夏墓出土

髻，只是发髻上极少装饰。她们穿着交领窄袖长衫，腰下开叉，内穿长裙，腰间束带。这种装束，与宋朝女子的穿着打扮相似，显然是受到中原汉文化的影响。

童子木板画，共两块，竖长方形，彩绘童子形象。童子均面庞圆润，梳环形发髻，身穿交领长衫，束着腰带，目视前方，面容稚嫩，神情淳朴。梳单环发髻的童子，双手捧着唾壶，壶下垫着长巾，木板侧面墨书“童子”二字。梳双环发髻的童子，双手捧着托盘，盘子里装着圆形的物品，外面用织物包裹着，木板侧面墨书“二童子”三字。

西夏墓中以童子木板画作为明器，这是借鉴了中原汉族传统的丧葬习俗。唐宋时期中原汉族墓葬中惯用童子作为镇墓神煞，目的是祈愿墓主人多子多孙，安康无恙。

曲腰人木板画，正面彩绘一曲腰人形象。人物头戴方巾，身穿交领宽袖长衫，两腿并立，弯腰九十度，头上扬，面带微笑，拱手紧靠下颏，表现出奴仆面对主人发自内心的卑微和谦恭。

曲腰人木板画

西夏（1038—1227）
长16厘米，宽6.5厘米
武威市西郊林场西夏墓出土

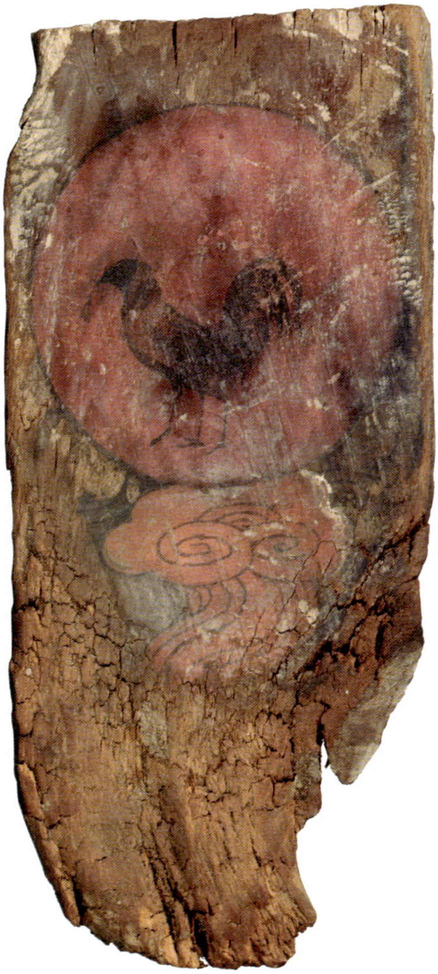

三足乌木板画

西夏（1038—1227）
长15厘米，宽7厘米
武威市西郊林场西夏墓出土

三足乌木板画，竖长方形，正面彩绘代表太阳的三足乌形象。一只全身黑色的三足乌昂首站立在一个赤红色的大圆圈中，圆圈下面有卷云衬托。木板侧面墨书“太阳”二字。

三足乌是长有三足的乌鸦，蹲居在红日中央，周围笼罩着闪闪金光，故又称金乌，是中国古代神话传说中驾驭日车的神鸟。《山海经》中记载，它是金乌的化身，是长有三足的踆鸟，会飞翔的太阳神鸟，因而它又成为太阳的别称。战国到两汉墓葬中常见这种形象。

双龙首蛇身木板画

西夏（1038—1227）
长9.5厘米，宽4.5厘米
武威市西郊林场西夏墓出土

双龙首蛇身木板画，长方形，正面用土红色打底，再用青、红、黄、白、粉五色彩绘双龙首蛇身的形象。两个龙头于画面左右两端回首相对，张嘴吐舌，似在嘶鸣，身体成 U 形。龙头上有耳和发须，眼睛突出，发须披散向后飘扬，身体上的鳞纹用横竖交叉的短线条表现。虽然是很小的篇幅，但龙的威猛和生气表现得栩栩如生。

龙是我国古代先民想象出来的一种威力巨大的神异之物，身长，有鳞爪，能兴云降雨，能祛邪祈福，古人把它与麟、凤、龟合称为四灵，认为它们是祥瑞之神，并把龙作为人类的保护神和图腾加以信仰和崇拜，后来龙也成为中华民族的象征。

我国古代有“事死如事生”的传统。古人认为，人死后埋葬时墓室中若不安置明器神煞，则“亡灵不安，天曹不管，地府不收，恍惚不定，生人不吉，大殃咎也”。所以古代墓葬中常用陶质或泥质的鸡、狗等十二生肖作为陪葬明器。鸡和犬在人间生活中具有司时和警备的功能，以明器的形式进入墓葬，可以令亡者“知天时”和“知人来”，能让墓主人魂魄安宁。西夏人吸收和借鉴了中原汉族的丧葬习俗，并加以改良和创新，形成了具有民族特色的丧葬习俗。西夏人死后多采用佛教流行的火葬，先将逝者尸体火化，然后将骨灰装入“灵匣”，再进行土葬。土葬用的墓室也较为狭小，于是汉族传统中随葬的陶质明器和墓葬神煞等便以木板画的形式来代替。

西夏碑

打开研究西夏学大门的一把金钥匙

西夏碑，正、反两面刻文，正面是西夏文，背面是汉文。碑文内容较为完整地传递了西夏语言文字和历史文化的发展轨迹，是迄今为止保存最完整、内容最丰富、收录西夏文字最多的西夏文和汉文合璧的西夏碑刻。

西夏碑全称“凉州重修护国寺感通塔碑”，刻立于西夏崇宗天祐民安五年（1094）。碑身青石质，碑首呈半圆形，正、反两面刻文，正面是西夏文，背面是汉文。西夏碑正面碑额阴刻西夏文篆书题名，汉译为“敕感通宝塔之碑铭”，这是目前仅存完整的 8 个西夏文篆字。题名两侧阴线刻画对称的伎乐菩萨，身着长裙，翩翩起舞，与敦煌壁画中的飞天有异曲同工之妙。西夏碑正面西夏文楷书正文共 28 行，满行 65 字，由西夏切韵博士、西夏文书法家浑嵬名遇书写。背面碑额阴刻汉文篆书题名，内容为“凉州重修护国寺感通塔碑铭”，题名两侧纹饰与正面碑额相同。背面汉文楷书正文 26 行，满行 76 字，由西夏时期担任供写南北章表（专门负责给宋朝和契丹写表章的官员）的汉文书法家张政思书写。西夏碑碑座为灰砂岩石质，盝顶式，四面浮雕图案，正面是双狮戏珠，两侧面是带翅飞奔的天马和象征祥瑞的麒麟，背面是佛教寓意浓厚的莲花。西夏碑碑文内容较为完整地传递了西夏语言文字和历史文化的发展轨迹，是迄今为止保存最完整、内容最丰富、收录西夏文字最多、研究价值最大的西夏文和汉文合璧的西夏碑刻。1961 年 3 月 4 日被国务院公布为第一批全国重点文物保护单位。

西夏碑的发现，要归功于清代武威著名学者张澍。

清嘉庆九年（1804）秋天的一个上午，在家乡武威养病的贵屏知县张澍与友人来到城内大云寺游览，寺院里一个用砖封砌的碑亭引起了他的注意。他从寺院僧人那里得知，碑亭封闭已久，不能打开，否则会有灾难降临。张澍不信邪，再三说服僧人打开碑亭，一块高大的石碑赫然耸立在张澍面前。他扫去石碑上厚积的尘土，看着密密麻麻、方方整整、笔画繁复的文字，顿觉茫然，眼前的文字“乍视字皆可识，熟视无一字可识”。他从前到后仔细研读，当看到汉文碑铭中的“天祐民安五年”题记时，恍然大悟，欣喜若狂。“天祐民安五年”是西夏崇宗皇帝李乾顺的年号，题记表明，这是西夏时期刻立的一块碑，而那些难以识读的文字，正是仅见于文献记载而早已失传的西夏文字。这个发现让张澍既兴奋又自豪，他禁不住感慨道：“此碑自余发之，乃始见于天壤，金石学家又增一种奇书矣！”（张澍《书西夏天祐民安碑后》）

西夏碑碑文内容，记载的是西夏崇宗年间重修凉州护国寺及感通塔的

汉文

西夏文

西夏碑

西夏（1038—1227）
碑高250厘米，宽90厘米，厚30厘米
武威市大云寺

缘起和经过。碑文记载，凉州大云寺中的宝塔历史久远，是始建于阿育王时期的八万四千宝塔之一，塔中供奉佛骨舍利，自建成以来屡现灵瑞，西夏犹盛，曾有西羌兵数次来犯，皆被宝塔金顶的耀眼光芒击退，不战而逃。天祐民安三年（1092）冬，凉州大地震，寺院震毁，佛塔倾斜，皇帝和皇太后下令重修之日，寺塔却自行恢复原状。皇帝、皇太后感念佛祖功德，大修寺院，大赦天下，并立碑庆赞。

西夏碑记载的内容，是为了宣扬佛法的威力和统治者的功德，其中涉及西夏语言文字、政治经济、军事历史、民族文化、宗教信仰等，为研究西夏社会生活提供了丰富而珍贵的资料，就连发生在天祐民安三年的那一场凉州大地震，也填补了我国地震史记载的不足。碑正面的1800多个西夏文字，和背面的汉文虽然不是逐字逐句的对译，但是大部分都能找到相对应的汉文释义，在当时西夏文字典尚未发现之前，不啻为一部解读西夏文字的字典。

张澍发现西夏碑后，即将拓片公之于世，他潜心研究碑文，并撰写文章介绍西夏碑。他的发现和研究引起了学术界的关注，并为此后西夏学的研究和兴起奠定了基础。国内外西夏学学者不断对西夏碑文进行译注和研究，并以此为工具，解读和探索神秘未知的西夏王国。

西夏境内流通的货币以宋朝钱币为主，也曾铸造西夏汉文钱币和西夏文钱币，西夏文钱币数量极少，流通范围不广，目前所见仅有5种，即“福盛宝钱”“大安宝钱”“乾祐宝钱”“天庆宝钱”“贞观宝钱”。南宋时

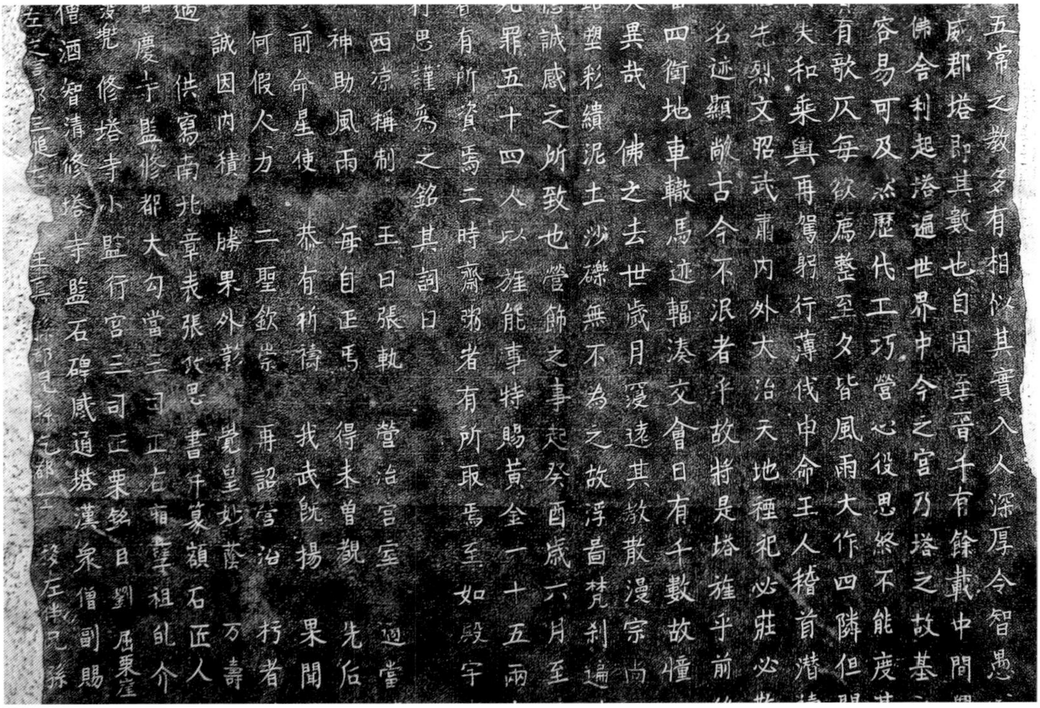

西夏碑·西夏文（局部）

期的钱币学家洪遵不识西夏文，他的钱币学著作《泉志》中，西夏文钱币被称为“梵字钱”。就在张澍发现西夏碑的第二年，金石学家刘青园云游凉州，恰逢有西夏窖藏钱币出土，他在其中发现了元德、天盛、乾祐、天庆、皇建等数种西夏汉文钱币，还发现了几种《泉志》上记载的“梵字钱”。凉州大云寺发现西夏碑的事他早有耳闻，于是他跟随向导来到寺中寻访，在看到西夏碑的那一刻，他兴奋不已，原来“梵字钱”就是西夏文钱币！数百年前洪遵对西夏文的困惑得以破解，真可谓一大快事。他的这一重大发现被清代著名金石学家初尚龄详细记录在《吉金所见录》中。自此，学界对西夏文及西夏钱币有了全新的认识，钱谱中开始正式著录西夏文钱币。

早在西夏碑面世之前，国内就已经发现了西夏文字的碑刻。在北京居庸关过街塔云台的门洞上，镌刻着梵文、藏文、八思巴文、回鹘文、汉文和西夏文 6 种文字的经文，其中的西夏文长期以来被人们误认为是女真文字。西夏碑发现后时间过了近百年，初尚龄《吉金所见录》中关于西夏碑和西夏文钱币的记载引起了英国人卜士礼和法国人戴维理亚的关注，二人对西夏历史文化有着浓厚的兴趣，他们想方设法得到了西夏碑的拓片，通过对比研究后先后发表文章明确指出，北京居庸关过街塔云台门洞上的女真文字是西夏文字。更令人叹服的是，当时正在英国驻华军事使团任职的卜士礼，在没有任何参考资料的情况下，通过反复对照研究西夏碑正、反两面的文字后，居然正确解读出了西夏文碑铭中的数十个词语，并通过其中的词语，识读出他自己收藏的一枚西夏文钱币“大安宝钱”。

1908 年至 1909 年，探险家科兹洛夫率领俄国皇家地理考察团在我国内蒙古额济纳旗黑水城遗址盗掘了大量西夏和元代的文物文献，其中有一部西夏文和汉文的双语双解词典《番汉合时掌中珠》，这是西夏人编纂的为了方便党项人和汉人互相学习对方语言的工具书，它成为继西夏碑之后人们解读西夏语言文字最为重要和准确的工具书。这部词典的发现，使西夏历史和文化的研究进入到一个新的时代，而开启人们认识和了解西夏文字的西夏碑，则被誉为“打开研究西夏学大门的一把金钥匙”。

张澍（1781—1847），字伯瀹，号介侯，甘肃武威人，清嘉庆四年进士，选翰林院庶吉士，历任贵州、四川、江西等地知县，并先后任教于兰州兰山书院、汉中汉南书院。好读书，喜游历，一生治学不辍，游迹半天下。在经学、史学、金石学等诸多领域都有精深的研究，是我国敦煌学和西夏学的奠基人；在姓氏学和辑佚学方面的成就为学界称颂，其《姓氏五书》被称为绝学；诗文创作在清代居一流之列。晚年卜居西安，勤奋著述，著作等身，享誉学界。

萨班铜像

和平统一的使者

萨迦班智达，法名萨班·贡嘎坚赞，简称萨班，是著名的『萨迦五祖』之一。1247年，萨班经过两年多时间的长途跋涉，在凉州与时任西凉王阔端举行了『凉州会盟』，并驻锡幻化寺，弘扬佛法。

2006年，青藏铁路全线通车，拉萨到武威仅需要28小时，而在700年前，一位年过花甲的老者从西藏前往凉州却足足走了两年。他是谁？为什么要跋山涉水来到凉州呢？

公元1206年，成吉思汗统一了北方草原，建立了蒙古汗国。在凉州坐镇的西凉王，是成吉思汗的孙子阔端。阔端经过对当时西藏地区现状的了解，力图以和平方式和政治手段实现对西藏的统治。

由于吐蕃王朝猝然崩盘，当时的西藏，经历了400年的分裂，境内大小政权林立、军阀混战，人民生活在水深火热之中，太平安宁已成为广大藏区人民的共同愿望。

萨班铜像

元（1206—1368）
高122厘米，肩宽60厘米
旧藏

在西藏各政教领袖中，萨班最具政治号召力和宗教影响力。萨班（1182—1251）是“萨迦班智达”的简称，法名萨班·贡嘎坚赞，是著名的“萨迦五祖”之一。他不仅智慧超群，而且博闻强识、勤勉有加，9 岁就开始为人讲经说法，很快就成为通晓五明、享誉西藏乃至印度佛教界的大学者。古印度把“通达五明”（声明、工巧明、医方明、因明和内明）的人称为“班智达”（大学者）。萨班意即萨迦派的大学者，他是西藏地区藏传佛教历史上获此殊荣的第一人。

最终他成为阔端选定的最佳人选。1244 年，阔端派大将多达那波专程进藏，邀请萨班赴凉州，共商西藏归顺大计。

在接到阔端的邀请函后，萨班审时度势，权衡利害，为了西藏人民的安危，他不顾自己年事已高，毅然决定带着侄子八思巴和恰那多吉亲往凉州谒见阔端。从西藏到青海再到河西走廊，翻雪山，越草原，整整走了两年，终于在 1246 年 8 月到达凉州。

1247 年，阔端与萨班在凉州这片连接着蒙古草原和青藏高原、连接着中原农耕文明和边疆游牧文明的土地上，进行了一系列磋商谈判，并达成共识，这就是“凉州会盟”。

谈判结束后，萨班写了一封致西藏各地僧俗首领的信，即《萨迦班智达致蕃人书》。他在信中说，西藏已成为蒙古汗国属地，阔端委派萨班和其他“金字使者”对西藏进行共同治理。元朝建立后，对西藏地区行使行政管理权，设立宣慰使司都元帅府，由宣政院直接统辖，掌管西藏各项事务。

凉州会盟后，萨班希望将藏传佛教传播得更为广远，决定留在河西走廊，得到阔端的大力支持，请萨班住在幻化寺，并不惜财力扩建寺院。萨班在幻化寺驻锡 5 年多时间，于 1251 年藏历十一月十四日凌晨安然圆寂，享年 70 岁。阔端为这位大师举行了盛大的悼祭活动，据史料记载，阔端用紫白檀木火化了萨班的真身，并在寺院内建起一座灵骨白塔，将萨班的金身灵骨安置于大塔之内，以作纪念和缅怀。灵骨白塔建成后，由萨迦第五代祖师八思巴（后成为元朝国师）亲自作了开光安神仪式。此后，幻化寺改称为白塔寺，八思巴继承了萨班的衣钵，继续主持该寺。凉州人民感怀于萨班的功绩和大义，便铸铜像纪念。这尊铜造像为国家二级文物，铜头铁身，合铸而成，萨班头戴法帽，身披法衣，跏趺而坐，表情庄严肃穆，再现了萨班在凉州弘扬佛法的场景。

凉州会盟的成功无疑是一场及时雨，功耀千秋，泽被后世，使当时的中国西部避免了一场战争，西藏结束了分裂，以和平谈判的方式完成统一，为中原王朝接管西藏奠定了基础。

人心所归，唯道与义，国家和平统一，各民族友好团结，既符合社会历史发展总趋势，又符合各族人民的共同利益。筚路蓝缕，以启山林，作为后来者的我们也当铭记历史，筑牢中华民族共同体，书写更瑰丽的民族团结新篇章。

鎏金喜金刚与大黑天铜像

强健有力、夸张激烈的藏密造像

武威市博物馆通史展览元代主题单元中有两尊特别的铜造像——鎏金喜金刚与大黑天，这两尊造像形体较大，通高均超过40厘米，采用实心浇铸，料厚体重，造像风格强健有力，通体鎏金，散发着神秘而又激烈的艺术气息，是典型的藏密造像。

鎏金喜金刚，铜质，双身像，立姿。喜金刚四足八面十六臂，每面三目，忿怒相，瞠目，牙齿突出，正面鼻子、上唇破损，头饰化佛，嘴唇、头饰均为红色，身挂人头项链，十六臂曲肱，手持颅钵，勇武威猛，脚下应有莲座，已佚失。无我母头部缺失，双臂环绕喜金刚颈部，右腿环绕喜金刚腰部，均饰耳铛、瓔珞、臂钏、手镯，臀部及右上腿之下悬空的坠饰已断落。

喜金刚是藏传佛教萨迦派的主神之一，属于藏传佛教最高境界——无上瑜伽部的高级神祇，地位和佛平等。通常形象是一尊主神（男身）拥抱无我母（女身），虽面貌狰狞，但心地善良而慈祥，象征生命之源，具有对自然和生灵的掌控能力。无我母，是本尊喜金刚的明妃，代表智慧，且

鎏金喜金刚铜像

元（1206—1368）
通高61厘米，通宽40厘米
征集

是最高的般若智慧。她热烈拥抱主尊，看上去与主尊融为一体，象征方法与智慧的结合，从而进入大乐境界的修行。

鎏金大黑天，铜质，身体矮粗，蹲姿，通体鎏金。大腹下垂，火焰眉、须，三只圆眼似铜铃，口大张，尖牙外露。发高束于脑后，另有两缕垂披两肩，发呈红色，指甲尖利。头戴冠，袒上身，腰系裙，双臂缠披帛。手脚腕缠蛇，腰束龙带，手持兵器。脚心铸长条形柄，连接底座之用。

大黑天，是藏传佛教护法神之首，最早源自印度教，是湿婆的一个化身，被认为是医神与财富之神，后归附于佛教护法神中，主要是护持福德财宝。后随着藏传佛教的兴起，被吸纳融合，呈秘密相，代表其属性的持物为金刚钺刀与骷髅碗，被奉为战斗神、护法神。藏传佛教图像学经典《成就法鬘》中所描述的大黑天是："身体呈青黑色，面目可怖，三目，血盆大口，牙齿森白，舌头外突，饰有骷髅的褐发竖立，身材五短，体格健硕，突腹，系虎皮衣并饰有五印，此外身饰八蛇及人首链。"其图像样式有一面二臂、一面四臂、一面六臂者，通常现大怒相，一手持钺刀、一手持盛血之颅器。这尊大黑天造像一面二臂的形态，应为藏传佛教萨迦派供奉样式，主要为保护喜金刚。尤其在元朝帝师八思巴用"千金"铸大黑天像奉祭于五台山的倡行下，使大黑天像成为上至皇室下至民间最为流行的佛教护法神之一。

由此，我们不难看出，抛开高超的造像艺术，这两尊铜像都与藏传佛教萨迦派有着紧密的联系。

鎏金大黑天铜像

元（1206—1368）
通高40厘米，肩宽20厘米
征集

藏传佛教，又称藏语系佛教，与南传佛教、汉传佛教共同构成了中国佛教的三大系统。8 世纪中叶从古印度传入西藏地区，10 世纪中后期正式形成藏传系统，普遍信奉密宗。13 世纪中叶开始广泛流传于蒙古地区，此后的 300 余年间，经发展演变形成了 5 个主要的藏传教派，萨迦派便是其中之一。

萨迦，藏语意为灰白色的土地，得名于北宋熙宁六年（1073）昆衮却杰波（1034—1102）在西藏萨迦县萨迦寺弘法，正式创立于 11 世纪下半叶。其特点是理论庞杂，教法来源多样。它以印度著名密教大师毗哇巴所传的“道果教授”为核心教法，认为生死涅槃无别，实为一体。在密法的具体修持方面，掌握各种密法流派的基本理论，主要修持《喜金刚续》及其《注释续》，并学习相关的各种修法仪轨，是一个同时注重教理的领悟和密法修习实践的教派。

大蒙古国时期到元朝建立是藏传佛教萨迦派历史上最为重要、最为辉煌的一个阶段。1244 年，萨迦派第四代祖师萨迦班智达应蒙古皇子阔端邀请赴凉州会盟，推动西藏走向在中央政权统治下的统一，结束了西藏各地长期分治割据的历史局面。后来，与萨迦班智达一同前往凉州的八思巴被元世祖忽必烈封为国师、帝师，领总制院事，管理西藏地方政教事务。1267 年，西藏建立萨迦派政教合一地方政权，在朝廷的支持下，萨迦派势力大增，其寺院及势力波及康巴和安多各地，对元朝皇室亦有重大影响。萨迦派受到元朝皇室大力扶植而控制西藏地方的行政权力，统领西藏 13 万户。萨迦班智达、八思巴和他们的弟子，为避免战乱，实现西藏地区各派势力的统一，为元朝在西藏实行行政管理，以及促进民族、宗教、文化之间的交流，历史贡献卓著。

这两尊藏密造像，不仅代表着一个宗教流派的兴盛发展，更展示着我国各民族交流融合共同发展的历史篇章，对汉族、藏族、蒙古族的历史具有重要意义。

铜牦牛

雪域高原的璀璨明珠

铜牦牛，国家一级文物。其铸造基于写实，同时作适度夸张，对牦牛的外形做了艺术化的处理，整体健壮雄强，又灵秀端庄，呈现出恬然而浑厚的纯朴气质，是一件世所罕见的古代青铜艺术珍品。

被誉为“高原之舟”的牦牛，主要生活在海拔 3000 米以上的高寒地区，是世界上生活区域海拔最高的哺乳动物。在藏族人民无畏艰辛地开拓青藏高原这块气候严寒、空气稀薄的“生命禁区”的时候，野生牦牛被逐渐驯化为家畜，成为藏族人民生产生活不可替代的伙伴。

武威市天祝藏族自治县，位于甘肃省中部，祁连山脉和河西走廊东端，青藏高原北边，属青藏高原、黄土高原和内蒙古高原的交会地带。天祝县南部有终年积雪的马牙雪山，东部有毛毛山，乌鞘岭横跨中部，地域海拔 2040 ~ 4874 米之间。这里拥有纯净的冰川雪山、广袤的绿色草原、秀美的山川大河，孕育了世界珍稀物种白牦牛，天祝县也被誉为“中国白牦牛

铜牦牛

元（1206—1368）
身长118厘米，前脊高61厘米，腹径30厘米
武威市天祝藏族自治县出土

之乡”。在天祝县，除了漫山遍野珍珠般的白牦牛，还有一件十分珍贵的牦牛文物，也是雪域高原上的一颗璀璨明珠，它就是元代铜牦牛。

这件铜牦牛重 75 千克，1972 年 6 月出土于天祝藏族自治县哈溪镇友爱村。它采用写实手法选取了牦牛伫立时的姿态，头大额宽，粗颈阔胸，体型健硕，四肢短而有力，四蹄平添稳实。牛首略向前倾，双目圆睁，张开半个嘴巴，似“哞哞”吼叫。一对长达 40 厘米的弯曲状大牛角和高高隆起的脊背凸显了铜牦牛的雄姿勃发，生动逼真地再现了牦牛健壮的生理结构特征。具有夸张性艺术特色的尾巴总长 30 厘米，像一支吸足了墨水的毛笔头，上面刻画有细腻规则的毛发纹样，圆润饱满，独具匠心，不仅与面部、眼部、鼻部的毛发形成呼应，而且明显增加了铜牦牛的尾部重量，在力学上起到了保持平衡的重要作用。铜牦牛采用了分段铸造焊接技艺，但是在铜牦牛器身表面几乎看不到任何焊接的痕迹，整体造型简捷利落，没有添加任何多余的雕饰，却完整地将牦牛健壮结实的身形、敦厚稳重的性情艺术化地展现出来。最有特点的是，铜牦牛的前腿、后腿与牛腰过渡处作了斜切的艺术处理，而不是按真实牦牛的仿真设计，使得整个塑像显得平衡稳定，更加协调。铜牦牛表面的毛须，采用整齐划一的处理手法，肚皮下雕刻出许多一贯到底的细丝以表示牦牛茂密的毛须，连同尾巴、眼眶在内的所有毛须均以“篦梳式”整齐排列，根根分明。尤其为人所称道的是这件器物的打磨工艺，尽细尽微，光滑匀称，色感深沉略泛黄色，牦牛粗犷、雄浑的形象栩栩如生。

铜牦牛正面

这件铜牦牛，虽然是静止的铜像，但给人似静既动、似动又静的感觉，其铸造基于写实，同时作适度夸张，对牦牛的外形做了艺术化的处理。胸背前挺，张力十足，腰腹下沉，稳健蓄势，犄角对称曲升，尾巴圆硕悬垂，四足鼎立，头面逼真，寓动于静，形神兼备，整体健壮雄强，又灵秀端庄，呈现出恬然而浑厚的纯朴气质，是一件世所罕见的古代青铜艺术珍品。它不仅具有非常重要的历史价值，而且有着十分重要的艺术价值，显示了古代藏族人民高超的金属冶炼铸造技术和艺术创作水平，堪称我国青铜雕塑史上卓绝千古的佳作。

铜牦牛的出土及收藏过程还有一段一波三折的传奇故事。1972 年 6 月，原哈溪公社友爱大队峡门台生产队几十个村民正在平整场院，没想到，一铁锹下去，出现了一个类似滑轮的物件，大家十分好奇，你一锹我一锹继续朝下挖，最终挖出一匹铜马。遗憾的是，由于锈蚀严重，加之用力过猛，铜马已然破烂不堪。铜马出土后，村民的挖掘就变得小心了，先确定了土槽的走向，再沿土槽东西方向仔细挖掘。东西两头发现了两件铜马，但是在出土过程中破损成片，很容易就被挖了出来，而土槽中段发现的物件是整体一块，费了很大劲也挖不出来。村民们小心地清理掉覆土，连摇带撬许久才松动。几个小伙子联手抬，却根本抬不出坑，最后绑上粗绳，十几个人连拉带抬才将其搬出土坑，一件完整的铜牦牛出现在大家面前。村民决定先把铜牦牛拉到生产队库房去。为了减轻重量，村民小心翼翼地用铁钩子、红缨枪把牛肚子里的土一点点掏出来，直到天黑才把土掏干净。

在生产队库房存放了一周后，村民把铜牦牛拉运到哈溪供销社废品收购站出售。幸运的是，当时的收购员具有一定的文物知识，觉得铜牦牛可能是文物，便拒绝收购，并叫他们上报公社领导。铜牦牛被送到公社后，就一直保存在仓库内。1979 年秋，公社将铜牦牛第二次拉进废品收购站按废铜出售，价值人民币 180 元。年底，收购站将这件铜牦牛及其他废品全部运送到天祝县火车站的废品仓库，打算送去冶炼厂熔炼。1980 年 6 月，时任天祝县文教局副局长多识，在哈溪下乡时得知了有关铜牦牛的事情，赶紧通知天祝县博物馆前去征集，几经周折后，这件铜牦牛最终以 360 元的价格被博物馆收回。从此，铜牦牛终于有了安稳的归宿，成为天祝县博物馆的镇馆之宝。

这件铜牦牛出土以来，曾在日本、欧洲等地展出，成为文化交流的“使者”。它是目前为止我国出土的唯一一件牦牛造型青铜器，是藏族青铜铸造艺术的精美之作。目前对于它的铸造时间，学界说法不一，大部分人认为是元代，但也没有确凿的佐证，莫衷一是的断代说法从一个侧面为这件青铜器平添了几分神秘色彩，而丝毫不影响它的历史和艺术价值。铜牦牛不仅反映了古代藏族地区青铜制作工艺的高超技术和藏族工匠们在造型领域的深厚功力，而且体现了汉藏民族之间文化及冶炼技术的交流情况，是研究藏族历史、文化、宗教的重要实物资料，也是一件不可多得的民族艺术瑰宝。1990 年 6 月，铜牦牛被国家文物局专家组鉴定为国家一级文物。

青花高足杯、瓷碗

一枝独秀元青花

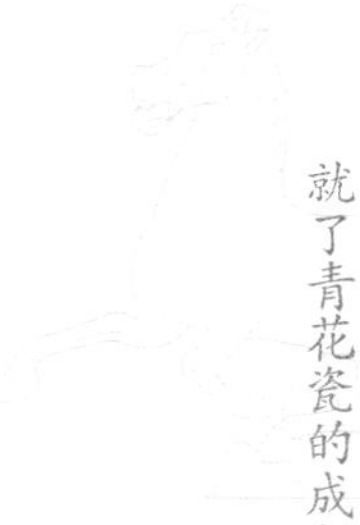

青花瓷发展至元代，形成了造型多样、发色翠艳、纹饰丰富而独具特色的艺术风格。元代疆域辽阔，与各国交往频繁，十分繁荣的商品经济造就了青花瓷的成熟和『一枝独秀』。

1271 年，大一统的元朝正式建立。在元朝近百年的时间里，疆域面积超越历代，与各国交往频繁，政治、经济和文化发生深刻变革，社会生产、生活全球化进程加剧，重视商业贸易，较大依赖于商品交换，使得商品经济十分繁荣，也造就了青花瓷的成熟和“一枝独秀”。

青花瓷始于唐代，是一种在素胎上绘画，再施玻璃质透明釉，高温一次性烧成的釉下彩瓷。目前发现最早的青花瓷片均见于河南巩县窑，应为青花瓷的创烧地，经宋代釉下彩工艺的逐步完善，直至元代，达到非常成熟和精美的程度，形成了造型多样、发色翠艳、纹饰丰富而独具特色的艺术风格。

青花竹节人物纹高足杯

元（1206—1368）
高8.9厘米，口径7.8厘米，底径4.1厘米
征集

武威市博物馆收藏有元青花瓷3件，分别是青花竹节人物纹高足杯1件，青花水禽纹瓷碗2件，器型规整小巧，均为20世纪50年代后期元代窖藏出土。

青花竹节人物纹高足杯，撇口，深弧腹，腹部饱满、浑圆，高圈足，呈竹节喇叭式。内外壁饰纹。杯内底心饰“昭君出塞”图，昭君骑于马上，怀抱琵琶在柳树下踽踽独行，并不时向后张望。杯口沿绘卷草纹，外壁满饰缠枝番莲纹。高足竹节下，线绘一周三朵蕉叶纹。青花发色浅淡均匀，呈灰色；白釉泛灰，口沿处有一大滴釉痕。胎体轻薄，杯把与杯身胎接，连接处有浸釉时的手指抓痕。圈足空心，足跟斜削。

高足杯形器物出现的时间比较早，商周时代的“青铜豆”便是较为相似的器物，主要功用是作为盛食器，也作为礼器，以偶数组合来使用。在唐代，金银器中有大量高足杯造型的器物，且受到西方影响，多精美繁复，“域”味十足，唐以后不甚流行。至元代，随着元朝政权攻略欧亚，多民族、多宗教在交流、渗透、互鉴方面进一步加剧，元代高足杯再一次走上了历史的舞台。

元代高足杯的出现有很多说法，比较直接的一种观点认为是“马上杯”，取其方便元代统治者在马上端拿之意。但从高足杯造型产生的时代背景和其传播的速度及范围来看，似乎不仅仅是由于在马上端拿方便才出现的，礼器属性的回归和宗教的传播发展，应是值得更加注重的方面。

自成吉思汗以来，蒙古统治者信奉传统的萨满教，但其他各种宗教，只要不危及统治秩序，也都能在元朝疆域里生根发展。正因为元代疆域的空前辽阔，民族成分的多样复杂，其宗教种类比历代更多，最盛行的是佛教，佛教中的喇嘛教在朝廷的地位最高，而来自于欧洲的基督教也较为流行。高足杯在喇嘛教中是作为供器使用，主要用来盛酒和盛放特制的食品，是喇嘛教中具有极高地位的供器，使用时将高足杯置于金属底座中，放置在寺庙的主佛前，平时则收藏在特制的杯套中。并且只有达赖和班禅在举行最重要的典礼时可以使用，其他人等严禁使用。与此相似，基督教中具有特定象征意义的“圣餐杯”，也是高足杯形器。“圣餐杯”主题较早用于东罗马拜占庭的基督教堂装饰，根据拜占庭习俗，“圣餐杯”只有在做祷告献祭时才被拿出来，平时是收起来的，在“圣餐杯”被高高举起的时候这项宗教活动达到高潮，可见“圣餐杯”的地位和作用在基督教中是不容置疑的。由此可见，既有实用的需求，又受到宗教的青睐和尊崇，都促进了高足杯的广泛发展和传播。

这件元青花高足杯，除了造型别致以外，杯内底还绘有人物装饰题材，这种人物类纹饰也使元青花在纹饰上有了新的变化和突破。人物纹用线条勾勒，再用钴料渲染出浓淡不同的层次，人物表情及衣物纹饰都细致入微，生动灵活。人物形象借鉴了同时代的绘画，受到了元曲、小说、版画等的影响，艺术风格独具。

青花水禽纹瓷碗，撇口，深弧腹，腹部饱满、浑圆，矮圆足，足壁稍外撇。内外壁均施纹，碗内底心饰莲池鸳鸯，两只鸳鸯在水中相对而戏，池中莲花亭亭而立，口沿辅助一圈缠枝莲纹，碗外壁双弦纹相间，腹中部饰缠枝番莲纹，胫部绘饰仰莲瓣纹，莲瓣内饰祥云纹。

莲池鸳鸯，在元青花中较为常见。池塘之中，莲花盛开，鸳鸯双双对对嬉戏其间，情态生动，意境清远，呈现一种精心的构思和独特的艺术创造，象征美好爱情，寓意白头到老，是人们喜闻乐见的题材之一。这种莲池鸳鸯小景图，又称“满池娇”。“满池娇”图，原是宫廷服饰的一种装饰图案，柯九思宫词云：“观莲太液泛兰桡，翡翠鸳鸯戏碧苕。说与小娃牢记取，御衫绣作满池娇。”这里便点出了“满池娇”是御衫的刺绣图案。尤其可贵的是，柯氏还加了自注：“天历间，御衣多为池塘小景，名曰‘满池娇’。”寥寥数语，指出了年代，说清了图案题材，可见该纹饰是元代贵族阶层专用纹饰，而这种纹饰的发展定型，离不开元文宗的推崇。元文宗是元代帝王中汉文化修养最高的皇帝，能书擅画，他将辽金时期所盛行的“春水玉”造型与唐宋流行的“莲池鸳鸯纹”结合并进行变形整理，形成元代流行的“满池娇”并广泛运用于刺绣、陶瓷等的装饰上，这也是蒙汉文化相互渗透融合的集中体现。

除过纹饰特点，这件青花瓷碗，青花发色深沉，青蓝中偏灰黑，料浓有黑青色斑痕，白釉闪青，十分艳丽，应是用了进口钴料“苏麻离青”。但著名的“苏麻离青”一词未见于元代文献，始见成书于明万历十七年（1589）王世懋著《窥天外乘》：“永乐宣德间，内府烧造迄今最贵，其时以鬃眼甜白为常，以苏麻离青为饰，以鲜红为宝。”经现代技术分析，“苏

青花水禽纹瓷碗

元（1206—1368）
通高7.6厘米，口径16.4厘米，底径6.3厘米
征集

麻离青”的主要成分是钴、铁、砷，属低锰高铁类钴料，这与波斯地区米纳伊陶瓷中使用的蓝彩成分特征完全相同。米纳伊（Minai），波斯语釉彩之意，是使用多种色彩来装饰的一种伊斯兰陶瓷，12 世纪下半叶起源于波斯地区，存在了不到 100 年即消失，主要在波斯卡善地区生产。波斯陶匠著作《陶瓷综述》（1301）中记载了在卡善地区出产的一种陶瓷器上使用的蓝彩，名曰“sulaimani”，呈红色并且有剧毒。结合文献及现代化学分析，可以看出，“sulaimani”便是文献中记载的进口青料“苏麻离青”。

1256—1259 年，蒙古人征服了波斯、美索不达米亚和叙利亚，建立了伊尔汗国，其统治区域在今西亚地区，涵盖了现今的伊朗、伊拉克、高加索等地。伊儿汗国的建立者旭烈兀，与忽必烈是亲兄弟，元朝与之交往非常频繁，是蒙古四大汗国中唯一与元朝交好的政权。从地理形式来看，伊尔汗国与元朝的陆上通道被钦察汗国和察合台汗国所隔开，海上丝绸之路应是“苏麻离青”运输的唯一通道。如此珍贵的青料，与景德镇瓷石加上高岭土的二元制胎配方，最终促成了发色深沉、胎釉精良的成熟青花瓷器的诞生，可称作是中华汉族文明、蒙古族文明与伊斯兰文明共同创生的辉煌，在中国古代陶瓷发展史上独树一帜。

据不完全统计，目前全世界收藏的元代青花瓷器有 400 多件，收藏最多、最精美的是土耳其伊斯坦布尔托普卡比博物馆，计有 70 多件。这些青花瓷色泽艳丽，纹饰绘制精美，青花装饰层数多，器型普遍巨硕，如大罐、大瓶、大盘、大碗等，多属“至正型”青花瓷。这些大型实用器皿，主要是为满足伊斯兰国家的生活习惯而特别生产，在我国也多有出土。而我国出土的执壶、高足杯、花觚、盏托等较小的器皿，在西亚地区几乎很少见到。除此之外，伊朗阿德比尔神庙、日本东京国立博物馆、英国伦敦大英博物馆、法国吉美博物馆、荷兰博物馆、美国纽约大都会博物馆，以及世界各地美术馆、基金会和个人收藏家都收藏有许多著名的元青花。

交椅、圈椅、官帽椅、床

刚柔相济 洗练精致

武威市博物馆收藏的这几件明清家具，或简洁，或典雅，或拙朴，造型脱俗，材质名贵，做工考究，无论是实用性还是艺术性，都堪称精品，世所罕见。

明清家具以珍贵的材质、优美的造型、精湛的工艺著称，特色鲜明，是中国古代家具中的代表之作。在中式家具最为辉煌的明清两代，有交椅、圈椅、官帽椅三分天下之说。在武威市博物馆里，收藏着几件珍贵的明清时期的家具，无论材质、款式，实用性和艺术性，都堪称精品，世所罕见。

交椅，是我国传统家具形式中的一种，初为游猎、行军用具，后演变为厅堂上的场面坐具。除了座椅本身的使用功能之外，逐渐演变成一种权力的象征，在中国漫长的文化进程中成为一种具有文化象征的椅具。《水浒传》中，梁山一百零八将在堂中开会时，就有“坐头把交椅”之说。

这对明代黄花梨木折叠交椅，形制宽大，靠背椅圈呈圆形，靠背攒边

黄花梨木折叠交椅

明（1368—1644）
长68厘米，宽68厘米，高107厘米
旧藏

装板分为三段，上为透雕寿字如意花纹，中间为一块素独板，最下部为亮脚，亮脚起卷草纹阳线。靠背按人体脊柱设计成S形曲线形状，类似于现代人体工程学对设计的要求。扶手贯穿搭脑连接成一体，满足人自然扶靠的需求，做到了线形的曲美和功能舒适的协调。椅座由绳索编结而成，座面牙板浮雕卷叶忍冬花纹。内外交脚由两根铜质榫卯连接。外脚一端连接踏板，另一端弯曲呈S形与扶手连接，空间有竹节状铜条支撑，起辅助扶手的作用。木椅弯曲处镶嵌镂雕云纹。凡接口、弯曲处及踏板上，均包嵌铜皮加固，踏板铜皮上阴刻菱形几何图案，既是装饰，也兼顾防磨、防滑的功能。前后腿相交形成X形，相交处使用细铜轴连接，可以折叠转动。除连接交脚的铜卯外，其余接口均为木榫卯套接。

交椅，因椅足呈交叉状，张开后才能平稳放置而得名，又称折叠椅。据考证，它起源于古代的马扎，汉朝时就传入了中原。汉之前古人都是席地而坐，汉灵帝时，从北方少数民族中传入了“胡床”，其实就是可折叠的马扎，腿足折叠后能缩小体积，便于移动和携带。“胡床”不仅是古代达官贵人或首领家中的常见家具，也是行军打仗、打猎等外出活动时的常备之物，方便随时随地休息。隋朝时，因忌讳说“胡”字，所以改名为“交床”。南宋时，人们又将交床改称为交椅，它不再是豪门贵族的奢侈品，而是与其他家具一样，使用更加广泛。明代交椅更趋普遍，文献中常有记载。《鲁班传》中不但保存了圆后背交椅的图像，还有详细的说明文字，记录了当时交椅制作的具体尺寸。

在等级森严的封建社会里，交椅不是任何人都能坐的，坐交椅乃是身份、地位的高贵象征。正因为交椅有如此特殊的功用，所以，“坐第一把交椅”就成了首领的代名词。交椅因其折转频繁，保存不易，完整传世的不多。现传世的明式交椅，以黄花梨材质最为珍稀，制作于明代晚期的黄花梨圆后背交椅数量稀少，能成对保存的更是世所罕有。黄花梨这种名贵木材生长周期极长，要想制作这样一把交椅所需的黄花梨原材，成材期大约在 800 年左右。黄花梨家具从明朝开始生产，到了嘉庆以后由于黄花梨木材急剧减少直至濒临灭绝，几乎就不再生产了。

武威市博物馆收藏的这一对黄花梨木折叠交椅，造型简练，装饰典雅，工艺高超，不仅蕴含着浓郁的人文气息，而且具有简约大气之美，体现了古人内敛、含蓄、端庄和高雅的审美情趣，对于研究明代木质家具工艺提供了珍贵的实物参考。

官帽椅起源于魏晋时期，在敦煌莫高窟 285 窟西魏时期的壁画上就已出现这种椅子的造型。到了五代时期，南唐画家王其翰《勘书图》中所描绘的人物坐椅已和明式官帽椅造型基本一致。按形制和适用地域，官帽椅可分为主要用于北方的四出头官帽椅及主要用于南方的南官帽椅。四出头官帽椅又被称为“北官”，指椅背搭脑的两端和两个扶手前端都有出头的造型，形若古代官员帽子的两翅而得名。南官帽椅则是扶手两端和搭脑不出头，拐角圆润。官帽椅是典型的明式家具中的代表，在古代众多中式家具中，官帽椅以其高大、简约、线条流畅而著称。

黄花梨木官帽椅

清（1616—1911）
长59.3厘米，宽61.5厘米，高121厘米
旧藏

武威市博物馆收藏的这一对清代官帽椅，为黄花梨木制成，搭脑为曲线形，中部靠头处凸起为枕状，两端出头上翘，略微向后方弯转。靠背板无任何雕饰，靠背板、扶手，以及扶手与椅面连接处均呈S形。扶手与鹅脖的交角处，装饰有云纹牙子。靠背板通体光素，弯曲的角度符合人体脊柱的曲线。座面攒边打槽，座面下饰以曲线波浪纹作装饰，四足间分别装脚踏。座椅上下无多余装饰，结构简练至极，完全采用线条和弧度来处理，方中带圆，简洁明快，是科学与艺术完美的融合。整个椅子的椅面、椅腿等下部结构都是以直线为主，但上部靠背、搭脑、扶手、竖枨、鹅脖都充满了灵动的气息，端庄大气，朴素清雅，自带一派书生气，不但符合中国人的审美，也是家具中的“白月光”。

在中国传统家具的椅子中，官帽椅的设计算是最为夸张舒展，而且体形也最为高大，被称为“最具中国味的椅子”。它的造型方中带圆，体现着和谐统一的传统文化。挺拔的线条和平素的表面，展现了刚柔并济、秩序井然的韵律美。搭脑对应颈椎，搭脑顶端的弧面与头部的枕骨对应，靠背板对应胸椎与腰椎，当人体坐下且人的骨盆与脊椎非直立状态时，头部的重力可通过颈椎与枕骨分散到搭脑上，胸椎与腰椎也能依托于靠背板的曲面而得到放松。官帽椅的这一绝妙设计反映了设计者匠心独运的技艺，体现了古人在追求审美的同时，对舒适与健康的把握。

一把官帽椅，把宋代以来文人对生活的理解与态度都融进结构与造型中，准确地反映了“学而优则仕”的社会心态。删繁就简的高尚审美，使一把貌不惊人的椅子，传递着复杂而深厚的文化信息，几百年来如潺潺流水缓缓地流淌，端庄、大气，不管在古在今，在厅堂还是在书房，从容坐镇，安定祥和。

圈椅是因靠背与扶手相连成圈形而得名，是交椅的改进。进入厅堂的交椅已经没有折叠的必要，于是人们将它改成常规椅子的四条直足，这便成了后来更为常见的圈椅，而且大多是成对陈设。武威市博物馆收藏的这一对楠木圈椅，五接，弯头见方，长方形座。靠背独板，微向后仰，上部刻团草纹，椅背中间浮雕变形的如意纹“寿”字，下部为浮雕云纹。前腿与扶手、后背与靠背两侧立柱均为一木连做。搭脑至扶手顺延成一体，扶手为云头形，扶手接头处饰铜件。靠背板、扶手，以及扶手与椅面连接处为S形，既满足了圆润的外观，又满足了舒适的坐感。底座装板，座中心微陷，板上装席面芯。椅面下部与前腿交接处，雕刻有云纹托角牙子，牙子上有曲线卷草纹做装饰。这一对楠木圈椅在造型上既有威武刚健的一面，又不失圆润舒展，其曲线文雅，端庄大气，雕刻技艺精湛，既有实用性，又有美观性，是清代家具中的精品。

“天圆地方”是中国人文化中典型的宇宙观，而这在圈椅的设计中也有所体现。虽然从整体上看，圈椅是上圆下方的结构，但事实上，圈椅的各个边，也都是方中带圆，每一个边都有圆角。上圆下方，圆是和谐，象征幸福；方是稳健，宁静致远。体现了中国古代家具中少见的华丽风格，尤其是楠木制作的圈椅，更为上品。

楠木圈椅

清（1616—1911）
高102厘米，长61.3厘米，宽69厘米
旧藏

楠木床

清（1616—1911）
长2.3米，高0.5米，宽1.58米
旧藏

楠木床，由床体和围栏分件制作雕刻后套卯而成。床为长方形，束腰，四棱柱腿，马蹄足内翻。床面微凹，上置竹席，床面四角和前、后边框上凿正方形凹槽，用来卯合围栏。围栏由八根柱子支撑，上下栏架镂雕变形“寿”字纹和如意云头。

武威市博物馆收藏的这一套名贵家具，圈椅简洁，官帽椅典雅，而交椅则古朴拙趣，造型脱俗。这些家具，在材质上，无论是黄花梨木还是楠木，都是优质上等的名贵木材，其艺术风格具有浓郁的明清家具特色，可谓是明清家具的上乘之作。这些精致珍贵的家具，它们的主人也必定是非凡之人。那它们的主人是谁呢？他就是武威进士中官职最高的人——牛鉴。

牛鉴，字镜堂，号雪樵，晚号更生居士，乾隆五十年（1785）出生于凉州府武威县城龙门街附近牛姓人家，是一位具有传奇色彩的人物。

牛鉴少时父亲早逝，家境贫寒，但他学业勤奋，成绩优异。从嘉庆五年（1800）第一次参加府试到嘉庆十九年（1814）考中进士，十五年寒窗苦读终于顺利考中进士，成绩为二甲第一名，选拔为翰林院编修、国史馆撰修，历任湖南乡试副主考、都察院左都御史、云南粮储道、顺天府尹、陕西布政使、河南巡抚、两江总督，官至从一品，是清朝九位最高级别的封疆大臣之一。他还做过太子太傅，给道光、咸丰皇帝当过老师。

牛鉴任河南巡抚时，整顿吏治，治理黄河水患，亲自指挥抗汛，赈济灾民，受到百姓爱戴。道光二十一年（1841）九月初五日，牛鉴奉命调任两江总督，开封地区的士绅和百姓听到牛鉴要调走的消息，星夜上疏，请求留任。临行前一天，有一千多人守在巡抚门前，哭求挽留，经夜不散。

但同时，牛鉴也是历史上有争议的人物。在鸦片战争中，因为吴淞口失守，牛鉴同耆英、伊里布代表清政府在南京下关江面的英舰“皋华丽”号上，同英国签订了中国历史上第一个不平等条约——《南京条约》。道光二十四年（1844）二月十六日，道光皇帝让牛鉴继续到河南戴罪立功治理河道，授七品官衔。咸丰五年（1855）四月，牛鉴以年老多病为由告假还乡。三年后，即咸丰八年（1858）四月二十六日，这位聚讼难辨、毁誉参半的晚清两朝帝师因病殁于凉州红崖山庄。《清史稿》记载牛鉴为“两朝帝师，治世循吏”。

鸠摩罗什寺

千古一僧 千年一寺

鸠摩罗什，幼年出家，初学小乘，后改学大乘，尤精般若。一生致力于弘法和译经事业，他率领弟子翻译的大量佛教经论，言简意赅，通俗易懂，深受大众的喜爱而广为流传，对佛教文化的传播和发展做出了巨大贡献。

鸠摩罗什寺，位于武威市凉州区北大街。《凉州府志备考》记载，该寺始建于东晋后凉时期（386—403），距今已有1600余年的历史，是我国古代著名西域高僧、佛经翻译家鸠摩罗什初入内地弘法演教之处。

鸠摩罗什（344—413），祖籍天竺，出生于龟兹国（今新疆库车县），家世显赫。父亲鸠摩罗炎系印度贵族，母亲是龟兹王妹。鸠摩罗什幼年出家，初学小乘，后改学大乘，尤精般若。因对经藏、律藏、论藏三藏能熟练运用，被称为三藏法师第一人。其率领弟子翻译了《大品般若经》《妙法莲华经》《维摩诘经》《阿弥陀经》《金刚经》等经论，共74部384卷。由于他所翻译的经文简洁精妙，通俗易懂，文义圆通，所以深受大众的喜爱而广为

鸠摩罗什寺

流传，对佛教文化的传播和发展做出了巨大贡献。

在中国佛教史上，鸠摩罗什是极其重要的佛经翻译者。他悟性非凡，能言善辩，加上尊贵的地位和聪明的才智，以及游学的经历，年轻时便名声大噪，誉满西域。史书记载，前秦苻坚痴迷佛学，不惜发动战争，派遣大将吕光前往龟兹古国邀请西域高僧鸠摩罗什。公元 385 年，鸠摩罗什来到凉州。此时，苻坚兵败被杀，吕光拥兵凉州，自立为王，为了安顿鸠摩罗什的身心，吕光下令招募各地的能工巧匠，大兴土木修建寺院，建好后命名为鸠摩罗什寺。公元 401 年，后秦姚兴发兵凉州，亲迎鸠摩罗什入长安主持译经事业。公元 413 年，罗什圆寂于长安，弟子遵其遗言将他的“舌”舍利供奉于鸠摩罗什寺内，人们起罗什寺塔供奉纪念。

鸠摩罗什寺在 1600 余年间的历史长河中，多次扩建修葺。据 1934 年出土的罗什寺塔石碣记载，“罗什地址，四址临街，敬德书”，其维修扩建历史可追溯至唐代。至清代，鸠摩罗什寺又进行了大规模的维修，1991 年出土的《重修罗什寺碑记》载，重修后的罗什寺“前后三院，焕然一新，乃五凉福地；壮丽改观，诚河西之胜地也”。

1927 年，武威地区发生了 8 级大地震，凉州的许多名胜古迹都在此次大地震中毁坏，凉州八景之一的“文笔三峰”也未能幸免，大云寺塔、清应寺塔均在此次大地震中倒塌，唯独罗什寺塔还有半截残存下来。1934 年，人们重新修复了罗什寺塔，这才使历史古迹得以保存至今。

罗什寺塔八角十二层，空心至顶，全部用砖砌成，高 32 米。塔座八角，周长 25 米，高 2 米，全以条砖叠砌。塔基呈方形，边长 12 米，高约 3 米，四周有砖砌花篮宇墙。塔的底层比其他各层较高，门向东开，从下起三、五、八层均设门，最上层面东设小龛，龛内有一佛。外观上，每层都施平砖叠涩式的腰檐，逐层每角具翘首，下系风铃。塔顶的刹，于垂脊上直接施覆钵，覆钵上的宝盖周围有圆光，下系小风铃，至顶为葫芦形铜制宝瓶。远远望去，巍峨高耸，壮丽辉煌，气势雄浑。

在中国佛教翻译史上，鸠摩罗什译经以其独具特色的优秀质量赢得了佛经翻译第一人的声誉。他在总结前人译经成败得失的基础上，通过自己对中国内地文化的深邃观察和深刻理解，变“直译”为“意译”，删繁就简，追求“达”“雅”，最终造就了一代传奇大师。

鸠摩罗什在翻译佛经上取得的成就，与他高深的佛学造诣、梵汉精通

罗什寺塔

的语言功底，以及对弘法事业的追求、严谨求真的高尚人格修养是分不开的。“什自手执胡经，口译秦语，由从方言，而趣不乖本，即文之益，亦已过办。”《法华宗要序》中关于罗什译经的描述，为我们再现了这位传奇译经大师的卓越风采。也让我们看到，不同地域佛教文化的传播交流，离不开罗什这样的大师，他们是中印佛教文化交流的重要桥梁。

目前，鸠摩罗什寺主体建筑除罗什寺塔外，还有大雄宝殿、观音殿、大经堂、罗什法师纪念堂、鸠摩罗什图书馆、佛教文物展室、佛教书画展室、客堂、云水堂等，均为 1998 年重建的仿明建筑。鸠摩罗什寺占地 139.2 亩，是西北地区规模较大的佛教活动中心之一，也是追忆鸠摩罗什，领略五凉文化、佛教文化，感悟中华文化博大包容的绝佳胜地。